Flor de Dios

Publicado por

Publicaciones Magdalena

Cleburne, TX. 76031

Una división de Consejería Cristiana

www.LaConsejera.com/PM

Primera edición 2003

Copyright © 2003 por Ina M. Pryce

Consejería Cristiana

3701 CR 317, Cleburne, Texas 76031

Citas bíblicas tomadas de la:

Santa Biblia Nueva Reina Valera (NRV)2000 2000 SOCIEDAD BIBLICA EMANUEL 2905 NW 87th Ave.,Miami, Florida 33126 E.U.A.
Santa Biblia Nueva Reina Valera 1988-1990(NRV). Publicaciones El Camino 149 Los Vientos Dr. Newbury Park, California, 91320, EE.UU.
La Biblia Dios Habla Hoy, Versión Popular. Segunda Edición. Sociedades Bíblicas Unidas 1996, Impreso en Corea, 1998.
La Santa Biblia. Antigua Versión de Casiodoro de Reina, (Stampley, Edición Bilingüe. USA 1986)

Impreso en los Estados Unidos.

ISBN: 0-9741540-0-8
Diseño: LDH Technology Graphic and Web Design
Flor: Digital Vision
Fotógrafo de Ina M. Pryce: Kenneth Prachar, Studio II

Flor de Dios

Superación para la Mujer Cristiana

Ina M. Pryce, LPC

PUBLICACIONES
MAGDALENA

Dedicatoria

A todas las flores en el jardín de Dios. Las mujeres de cada hogar, en cada iglesia y toda la comunidad latina. Que la lectura de estas páginas y la aplicación de estos conceptos, sean una guía y ayuda para que tomes tu lugar en el jardín de Dios. Eres una Flor de Dios.

Agradecimientos

Mis más sinceros agradecimientos a los miembros del Círculo de Ideas compuesto por Nelly Aparicio, Carmen Curubo, Diana De Fex, Carmen Falcón, Helena Gaona, Yolanda Haughton y Ruth Pryce. Gracias por su abnegada cooperación, con sus comentarios claros y al punto, al estudiar cada capítulo de este libro. Su entusiasmo y ánimo me impulsaron para seguir adelante con este proyecto.

Ester Barrios y Helena Gaona han dado de su tiempo y sus conocimientos en el uso correcto del idioma español. Con mucho interés y voluntad han editado y corregido una y otra vez. Les agradezco.

Gracias a mis hijas Dorla y Delina que han asesorado incansablemente la presentación estética de cada página y la aplicabilidad de cada concepto aquí presentado.

A los caballeros en mi vida, DelRoy y Elwyn Pryce, José y Samuel Aparicio, que confirman el hecho que no hay sueños imposibles con dedicación de tiempo y trabajo arduo.

ÍNDICE

"Como el lirio entre los espinos, así es mi amiga

entre las doncellas."

Cantares 2:2

INTRODUCCIÓN

La raza humana es para Dios un precioso jardín de flores; y en su jardín hay gran variedad de personas. Sus flores difieren en tamaño, color y fragancia; unas son sencillas, otras son complicadas, unas se abren temprano en el día, otras se abren por la noche; unas tienen espinas, otras atraen enfermedades; unas necesitan mucho sol, otras florecen en la oscuridad; unas son cultivadas para fines lucrativos, para adornar o decorar y otras aunque son silvestres adornan y decoran los campos. Pero sus diferencias no cambian su valor ante aquel que las cultiva.

¿Cuál de estas flores recibe más atención del Jardinero Celestial? ¿Cuál es más importante ante sus ojos? ¿Cuál tiene un lugar más prominente? Ninguna. Todas tienen un lugar especial y único en el jardín de Dios.

De la misma manera cada mujer debe, por medio de su relación con el Jardinero, llegar a ubicarse en su lugar y tomarlo para así ser parte del jardín de Dios.

¿Qué percepción tienes de ti misma? Revisa tu álbum de fotografías mentales. ¿Estás contenta y orgullosa de la persona que ves reflejada en estas imágenes? ¿Tienes algunas fotografías que quisieras cambiar? ¿Habrá reflejos en este álbum que realmente no muestran quién eres de verdad? ¿Crees que puedes apreciarte y estimarte incluso cuando no eres perfecta?

> *"...considerad los lirios del campo, cómo crecen sin fatigarse ni hilar. Sin embargo, os digo que ni Salomón con toda su gloria, se vistió como uno de ellos" (Mateo 6:28).*

La experiencia cristiana se puede comparar a la jardinería, porque requiere un trabajo diario. Hay que preparar el lugar, buscar las herramientas, vestirse apropiadamente con guantes, zapatos, repelentes, etc. De igual manera para florecer como hijas de Dios tenemos que hacer los preparativos necesarios de tiempo, escoger el lugar y tener las herramientas especiales para encontrarnos con Dios. Tenemos que cuidar de las cosas espirituales y atenderlas constantemente para que prosperen en nuestro corazón.

Cuando descuidas el jardín y luego decides recuperar la belleza que en el florecía, el trabajo es arduo y lleva tiempo. Las malezas son parte del ambiente natural de un jardín, al igual que el pecado en ti, es natural (Salmos 14:1-7).

En el jardín tienes que cuidar muy bien aquellas plantas que quieres que crezcan, en tu vida habrás de cuidar de las cosas espirituales y atenderlas constantemente para que prosperen en tu corazón. En el jardín las malezas se ven saludables, bonitas, con flores y algunas veces se tiene la tendencia a dejarlas porque son tan lindas. Hay algunos pecados dentro de cada quien que no se quieren arrancar porque nos dan tanto placer, tienen buen sabor, y hay gozo al disfrutar de ellos. Pero como en el jardín, hay que arrancarlas porque si las dejas allí, cogen fuerza e invaden tu corazón.

Cuando estás tratando de quitar las malezas del jardín, se hace más fácil si remojas el terreno, aunque sea un pedacito a la vez, para aflojar las raíces. Es imposible arrancar todas las malezas en un día. Arrancar las malezas de tu vida lleva tiempo y necesitas mojar esas raíces profundas de la maleza con el Agua de Vida, Jesús. Porque la realidad es: Él es quien quita el pecado del jardín de tu corazón.

Al prepararte para cultivar tu corazón y así tomar tu lugar en el jardín de Dios, haz los preparativos necesarios: Selecciona un lugar para cultivar tu jardín; prepara un lugar especial para estudiar la palabra de Dios. Una esquina con un sillón cómodo, pero ten cuidado de que no sea tan cómodo, ¡para que no te invite a dormir! También necesitarás una mesa para poner las herramientas necesarias.

Escoge la semilla que vas a cultivar. En este caso cultivarás la flor —

autoestima.

Ten tu libreta de instrucciones, La Santa Biblia. Cuando vas a cultivar tu jardín necesitas conocer los requisitos especiales para la planta que vas a sembrar. Cada planta tiene necesidades especiales de sol, agua, profundidad de raíces, drenaje, y acidez del terreno. La flor de la autoestima también tiene sus necesidades. Estudiaremos el manual del cultivo, La Biblia, para encontrar cuales son.

Este libro consta de cuatro secciones y cada una es esencial para la flor de la autoestima. Estas cuatro secciones te ayudarán a entender lo qué es necesario para tu superación en Cristo:

Raíces: El Desarrollo de la Autoestima

Espinas: Los Efectos de una Autoestima Negativa

Capullos: El Desarrollo de una Autoestima Positiva

Fragancia: El Mantenimiento de tu Autoestima

Al final del libro encontrarás dos guías de estudio que te ayudarán a poner lo aprendido en práctica con un grupo de estudio o estudiando individualmente.

Es mi deseo que esta guía te ayude a apreciarte y estimarte del mismo modo en que Dios lo hace, y así tomarás tu lugar en su jardín.

Ina M. Pryce, LPC

RAÍCES

EL DESARROLLO DE LA AUTOESTIMA

"Permaneced en mí, y yo en vosotros. Como la rama no puede llevar fruto por sí misma, si no permanece en la vid; tampoco vosotros, si no permanecéis en mí." Juan 15:4

Al sembrar una semilla brota una raíz que inicia el desarrollo de la planta. La raíz es la porción de la planta que tiene la función de sujetarla al suelo y de absorber el alimento para ella. La raíz guarda estos materiales y los transporta a las partes superiores. La caliptra es la protección con que terminan las raíces para que puedan perforar el suelo y actúa como un taladro natural.

Tu autoestima tiene raíces. Debes cerciorarte de que dichas raíces sean fuertes y así podrás desarrollar una experiencia emocional segura y sana que te llevará a vivir una vida plena y feliz.

Durante el estudio de esta sección del libro quiero que llegues a entender de donde viene el alimento a tus raíces y en donde se encuentra el lugar para la nutrición ideal de tu autoestima.

CAPÍTULO 1

Toda planta necesita raíces para sobrevivir. Ellas son las que determinan la salud de la planta. Si la raíz está enferma, la planta estará enferma también.

De la misma manera cada mujer necesita raíces saludables para que crezca su autoestima. Las raíces de la autoestima se nutren y se aferran en la personalidad.

La autoestima está formada de imágenes mentales que influenciarán tu vida social, tu rendimiento en el trabajo y tus relaciones con los demás.

Quiero presentarte a mi amiga Susana. Ella cuenta que cuando Dios estaba obsequiando dones, ella se encontraba al final de la fila. A la hora de realizar una actividad Susana tiene un sentimiento debilitante que toma posesión de ella. Cree que tanto en sus palabras como en sus acciones luce menos si se compara con las demás personas. Cualquier bache que encuentra en su camino lo considera como el Gran Cañón del Colorado creando así una mentalidad de derrota que no la ayuda a lograr sus metas.

Por otro lado, Susana siempre desea hacer las cosas a la perfección para evitar el fracaso. Por eso solamente participa en asuntos en que tiene la completa seguridad de que tendrá éxito, para así minimizar posibles errores. Susana no se atreve a salir de su círculo protector para iniciar, y mucho menos probar, experiencias nuevas. Como amiga, me doy cuenta de estas características de ella, y veo que, en algunos casos, ella misma las ha creado en su mente.

Un día la encontré en su jardín de flores. Es un lugar tranquilo y con flores muy bonitas. Después de los saludos tradicionales, Susana me mostró que algunas de sus plantas no se estaban desarrollando como ella esperaba. Ya era tiempo de que tuvieran capullos y flores, pero éstas sencillamente no habían crecido de forma normal. Cada viento que soplaba las tumbaba y Susana las tenía amarradas a unas estacas para que pudieran sobrevivir.

Después de mucha deliberación, decidió pedir una cita con el jardinero oficial del pueblo. El jardinero llegó, y con un vistazo comentó que estas plantas tenían problemas en la raíz. Explicó que a estas plantas les faltaba tener una raíz gruesa y fuerte para sostenerlas contra los vientos.

Por lo menos los bellos absorbentes estaban funcionando pues habían extraído el alimento del suelo para la planta. Esa era la razón por la cual la planta no había muerto. Pero la raíz principal parecía no tener una caliptra saludable para proteger a la raíz, la cual ayuda a aferrarse al suelo. Las raíces de estas plantas estaban demasiado superficiales y necesitaban un abono especial para remediar la situación.

Durante toda la explicación que el jardinero hacía, Susana estaba haciendo una comparación mental entre su propia vida y estas plantas. Cuando terminó la cita con el jardinero, compró el abono recomendado, y siguió las instrucciones para aplicarlo. Susana quedó asombrada al pensar que "toda planta necesita raíces fuertes para sobrevivir." De la misma manera ella necesitaba dar una mirada cuidadosa a las raíces de su autoestima.

El psicólogo Jorge Sanabria en un artículo del periódico *La Nación*[1] define la autoestima como "un elemento esencial de la personalidad que los individuos logran para tener confianza en sí mismos." Otros autores describen a la imagen personal, y a la autoestima, como la evaluación que el individuo hace de su valor, de sus capacidades y de su significado.[2.]

La formación de las raíces de la autoestima se inician desde que la pesona nace. El medio en que una persona se desarrolla, la aceptación que recibe de las personas que lo rodean, todo influye directamente en la formación de una confianza propia saludable.

En aquellas ocasiones cuando las personas perciben sus aspectos negativos, comienzan a germinar los problemas que producen angustia y que a veces llevan a extremos de inseguridad, inquietud o dolor.

Cuando una persona se desenvuelve en un medio que sostiene y vigoriza su confianza propia, surge un individuo con una estima positiva. Pero si el ambiente es uno en el cual se minimizan sus facultades, en donde se desprecia su persona, en donde se critica su falta de logros en alguna actividad deportiva, en donde las burlas y la censura son los nutrientes de su personalidad, se perjudica la estima propia tanto en niños como en adultos.

Una estima propia débil refleja una especie de vergüenza, que tiene sus raíces en el hecho de que no se han podido lograr las expectativas irreales personales, como tampoco las expectativas puestas por la sociedad.

Una estima propia enraízada saludablemente es lo que estimula un desarrollo continuo a través de toda la vida. Es un proceso evolutivo que siempre va modificándose. Los seres humanos son individuos enérgicos que tienen retos a cada paso de la vida. Lo interesante es que aunque logren solucionar exitosamente muchos de estos retos, no siempre pueden resolver otros con la misma facilidad.

El individuo positivo que tenga una estima propia balanceada comprende esto; y cada vez que se le presente un problema intenta una solución positiva; y si no lo logra, intenta de nuevo.

Si no recibiste mensajes afectivos para formar raíces sólidas en tu niñez y crees que tienes una autoestima baja, no te desalientes, porque jamás es muy tarde para cambiar aquellas situaciones que te causan incertidumbre. Puedes usar las características positivas de tu personalidad, y por sobre todo, tu relación con Dios te ayudará para crear cambios en tus puntos débiles.

La estima propia, el valor propio, y la imagen personal son conceptos muy difundidos hoy en la psicología. Sin embargo, como cristiana debes ir a la Palabra de Dios para aprender lo que Él dice en cuanto a tu valor real. Así tu estima propia establecerá raíces sólidas y seguras que estarán ancladas en Jesús, y que recibirán nutrición celestial. Aprende a utilizar las Sagradas Escrituras como un armamento que te auxilie y ayude a obtener fortaleza al construir una autoestima positiva.

Romanos 12:2 dice: *"No vivan ya según los criterios del tiempo presente; al contrario, cambien su manera de pensar para que así cambie su manera de vivir y lleguen a conocer la voluntad de Dios, es decir, lo que es bueno, lo que es grato, lo que es perfecto."* Este versículo nos insta a no conformarnos a, sino a buscar una transformación en Cristo.

Cuando decidas dejar que tus raíces se alimenten de la Palabra de Dios te verás bajo su perspectiva.

Descubre lo que Dios piensa de ti:

Dios me creó a su imagen. *Génesis 1:26: "Entonces dijo Dios: 'Hagamos al hombre [a la mujer] a nuestra imagen, conforme a nuestra semejanza.' "*

Valgo más que oro, diamantes y plata. Proverbios 31:10: *"Mujer ... su valor excede mucho a las piedras preciosas."*

Soy casi ángel y tengo una corona de gloria y honra. Salmos 8:4,5:

"¿Qué es el hombre?... lo hiciste un poco menor que los ángeles, y lo coronaste de gloria y de honra."

Soy tan importante a sus ojos que envía sus ángeles para guardarme, cuidarme, y protegerme. Lucas 4:10: *"A sus ángeles mandará por ti para que te guarden."*

Dios cree que soy capaz de transformación y manda su Espíritu Santo para enseñarme. Lucas 12:12: *"Porque el Espíritu Santo os enseñará ..."*

Para recordar:

Mi valor y mi estima propia deben tener su raíz en Dios y en Su Palabra.

La Biblia dice:

"... cambien su manera de pensar para que así cambie su manera de vivir y lleguen a conocer la voluntad de Dios, es decir, lo que es bueno, lo que es grato, lo que es perfecto."

Romanos 12:2

Para Reflexionar:

"Para que surja un cambio en la personalidad es necesario que haya un cambio en el conocimiento de sí mismo."

A. Maslow[3]

CAPÍTULO 2

"*Que habite Cristo por la fe en vuestro corazón, para que, arraigados y fundados en amor, podáis comprender bien con todos los santos, la anchura y la longitud, la profundidad y la altura del amor de Cristo ...*"

Efesios 3:17-18

La evaluación de si misma es extremadamente importante. Esta es una evaluación que afecta la manera de pensar, la manera de sentir y la manera de afrontar la vida.

La mujer que realmente se conoce sabe que su valor viene de Alguien que es Todopoderoso, y no del peinado, de la ropa o del maquillaje que utiliza, ya que estos recursos no son los que crean una autoestima apropiada. La sociedad y la cultura en general predisponen a la mujer a pensar que es una imitación barata de las modelos en las revistas, estrellas de cine y de la televisión, en vez de reconocer que esas mujeres están viviendo una falsedad que no tiene nada que ver con la creación de Dios.

La sociedad y los medios de comunicación aportan imágenes visuales comunes que muestran a la mujer de forma degradante e inferior. Con esto están dando la impresión de que el único propósito en la vida de una mujer es el de usar su cuerpo para llamar la atención, y para atraer y agradar a los hombres. Las religiones tradicionales también aportan una imagen de la mujer como inferior y aun "malvada." Como mujer cristiana tienes la responsabilidad de rechazar estas imágenes y aceptar el valor que te ha sido dado por Dios.

La autora Joyce Meyer, hablando de este mismo tema, dice que, "Debemos amarnos — no en forma egoísta, centrada en uno mismo lo que produce un estilo de vida desenfrenado — sino equilibradamente, en forma santa, en forma que simplemente afirma que la creación de Dios es buena y justa."

Como mujer cristiana tienes la seguridad que te dan Las Sagradas Escrituras de que eres valiosa. En Génesis 1:31 leemos que *"Dios contempló todo lo que había hecho, y vio que era bueno en gran manera."* ¿No es una seguridad muy agradable el saber que Dios te ha hecho merecedora de su amor y que por lo tanto eres persona de valor? Realmente se necesita aprender que este amor de Dios es el que te permite pensar y decir: "Yo puedo amar lo que Dios ama. Aunque cometo errores y no siempre hago lo que El me pide, me acepto. Porque Dios me acepta, El me ayudará a cambiar."

Al decir estas palabras, se desarrolla un amor equilibrado que crea la conciencia, la necesidad y el deseo de cambiar. Y mientras que Dios está cambiando la vida interna, puede haber aceptación. Las evidencias de que muchas mujeres no se sienten valoradas, abundan. Por ejemplo, muchas no pueden dar, ni mucho menos recibir un cumplido sincero. Si alguien comenta de la elegancia de su vestido, ellas replican "¿¡este trapo viejo!?, lo tengo hace muchos años." Para otras es difícil recibir un regalo, que su amiga ha pasado tiempo escogiendo y comprando. Cuando recibe el regalo, no sabe hacerlo con gratitud, y hasta piensa ¿Por qué alguien quiere darme algo? ¿Cuáles son sus motivos? ¿Qué quiere de mí? ¿Qué está tratando de conseguir?" Y así se inicia el espiral descendente de la baja estima, que sigue con acusaciones y pensamientos cada vez más negativos.

¿Te has encontrado perdiendo el sueño reparador, rumiando pensamientos cómo estos? "Hoy mi amiga estuvo demasiada amable conmigo. ¿Qué estará planeando? Ya le habrá contado a todo el mundo aquello que pasó entre nosotras cuando éramos jovencitas." Otras veces, el ataque es contra nosotras mismas. "¡Qué tonta soy! ¿Qué más se puede esperar de alguien como yo?"

Hay mujeres que expresan su falta de estima propia cuando no expresan sus opiniones, cuando actúan de forma indecisa; o también al poseer un espíritu criticón. Las críticas siempre son una revelación de que no hay satisfacción personal. El problema no es con el mundo externo, sino con los sentimientos que tiene de sí misma.

La autoestima no es algo que, como humanos, podamos escoger o rechazar. Necesitamos autoestima, y cuando no la tenemos todo en nuestro derredor sufre.

¿Cómo sufre la persona? Sufre porque no está libre de expresarse en forma única, de expresar su amor, de expresar su creatividad y usar sus dones.

¿Cómo sufre tu familia? Tu familia sufre porque así como crees, actúas, y esto inevitablemente afectará la manera como te relacionas con ellos.

¿Cómo sufre tu iglesia y tu comunidad? Sufren porque no puedes funcionar al más alto nivel de las capacidades que Dios te ha dado. El obstáculo de la baja estima evita que seas canal ungido para transportar el amor de Dios a otros.

Ante semejante verdad, ¿por qué las mujeres cristianas sufren de sentimientos de inferioridad? Porque la mujer cristiana está propensa a estos sentimientos, al igual que las no creyentes. Es difícil creer que se es amada y de mucho valor cuando hay desprecio, vergüenza, crítica, traición y rechazo por aquellas personas que hemos logrado considerar importantes en nuestras vidas.

La verdad es que, nuestro mundo tiene valores distorsionados acerca de las personas y las cosas. Por esa razón, aquellas relaciones que deberían reflejar tu valor personal son las mismas relaciones que echan tierra sobre tu estima propia.

El psicólogo cristiano Bruce Narramore[1] en su libro *Building Biblical*

Self-Esteem nos dice que solamente la perspectiva bíblica del individuo:

- Eleva al hombre por encima de los animales.
- Provee un fundamento sólido sobre el cual construir la idea correcta de sí mismo.
- Reconoce nuestros pecados y faltas, pero no minoriza nuestro significado como criaturas del Dios viviente.
- Enseña que somos creados a la imagen de Dios y que poseemos gran valor, significado y mérito.
- Enseña que Dios nos ama y somos merecedores del amor a nosotros mismos y a otros.
- Enseña que como resultado del pecado, todos somos pecadores, por este hecho estamos separados de Dios y condenados a muerte.
- Enseña que el pecado que hay en nosotros nos hace rebeldes contra Dios, nos hace dudar de Dios.
- Y nos enseña que el pecado nos lleva a:
  - o   Conflictos interpersonales.
  - o   Intentos de auto-justificación.
  - o   Tendencias de culpar a otros por nuestras deficiencias.
  - o   Problemas psicosomáticos.
  - o   Agresión verbal y física.
  - o   Tensiones y falta de respeto a Dios.

Pero aún en este estado de pecado, Dios nos ama y nos estima. El odia el pecado, pero ama al pecador. El sabe que somos inútiles, depravados, con tendencias constantemente hacia el pecado, pero esto no significa que no tenemos valor. Dios no se ha dado por vencido, ni ha declarado: "No sé que hacer para estos mortales, no hay esperanza." Mas bien por su amor y misericordia envió a su Hijo a morir para que pudiésemos ser justificados y restaurados nuevamente a la familia de Dios, plenamente perdonados hijos e hijas de su reino (Juan 3:16). **El concepto que Dios tiene de mí es tal que yo puedo tener una imagen positiva y de estima por mí misma.** De otra manera, estoy diciéndole a Dios que es un mentiroso, que su palabra no vale nada, que yo me conozco mejor de lo que El me puede conocer. Las mujeres que creen que el desprecio a su estima es la voluntad de Dios, niegan el hecho fundamental del mensaje del amor de Dios.

El valor que tienes no es por lo que has hecho, sino que emana de lo que Dios ha hecho por ti. Eres pecadora, pero creada a la imagen de Dios. Eres la corona de su creación, este simple hecho da a los humanos un valor interior.

Para recordar:

La evaluación de sí misma afecta la manera de pensar, la manera de sentir y como se enfrenta la vida.

La Biblia dice:

Si "... contemplamos como en un espejo la gloria del Señor, vamos siendo transformados de gloria en gloria ... "

2 Corintios 3:18

Para Reflexionar:

Solamente La Biblia provee las raíces fuertes sobre las cuales se cosechará la idea correcta de sí mismo.

CAPÍTULO 3

La autoestima no es una idea ajena a las Santas Escrituras.

El tema de la autoestima está entrelazado en el corazón del proceso de la redención. El que pagó el precio sabe tu valor. El precio que pagó por ti y por mí fue la vida y muerte de Jesús. Si algún día deseas ponerte una etiqueta con un precio como las que ponen en mercancías que están a la venta, el precio diría "La sangre de Jesús." Tu valor frente al Padre es Jesús y este precio es lo que determina tu valor. El valor que Dios da es el único valor verdadero.

Jesús y los autores de la Biblia enseñan que el amor propio es una experiencia normal. Asumen que las personas a quienes están hablando y escribiendo ya se estiman. Porque las Escrituras asumen un amor natural, y no un auto-desprecio, podemos concluir que tener estima propia positiva es una idea bíblica.

Encontramos individuos que arguyen que la autoestima es una forma de orgullo, arrogancia y soberbia. Y has de saber que la soberbia y la arrogancia son aborrecidas por Jehová. Según leemos en Proverbios 8:13, *"La veneración del Señor consiste en aborrecer al mal. La soberbia, la arrogancia;"* y en 1 Pedro 5:5 se nos dice que *"Dios resiste a los soberbios y da gracia a los humildes."*

¿Cómo puedes entonces distinguir entre estima propia y orgullo? Observemos estas diferencias.

Estima Propia

La convicción positiva de mi valor fundamental basada en el hecho de mi creación por Dios y mi rescate por Jesús.

La evaluación de si mismo que el individuo hace de su valor, sus capacidades y su significado.

Orgullo

El placer que el individuo encuentra en si mismo, por sus creencias, por sus posesiones o por la carrera profesional que tiene.

Una actitud de superioridad, una mentalidad inflada, que se manifiesta en una forma arrogante.

Aceptándome como Dios me acepta, ni más ni menos.

El reconocimiento de quienes somos, quien nos hizo, quien nos compró, dando toda la gloria a Dios por estos hechos.

Una evaluación correcta de si mismo, receptiva a las opiniones de si mismo y un deseo de dar, que es más fuerte que el de recibir.

El deseo exagerado de recibir reconocimiento y adulación de otros. Un enfoque desequilibrado en si mismo.

Es el resultado de la exaltación de si mismo basado en la falta de reconocimiento de quienes somos, quien nos hizo y quien nos compró. El resultado de la exaltación irrealista de uno mismo en relación a los demás.

En esencia puedes notar que el orgullo es un intento de reclamar para si mismo la gloria y el honor que pertenece únicamente a Dios. Mientras que la estima propia es el reconocimiento de la dependencia en Dios que a la vez mantiene una evaluación adecuada de tus debilidades y de tus fuerzas. No es la negación de lo que se es o el rechazo de tus habilidades dadas por Dios. Es una evaluación realista, aceptando la perspectiva que Dios tiene de tí.

La Biblia asume que te amas al decir en ella, *"Porque nadie odió jamás a su propia carne, antes la nutre y la cuida ..."* Efesios 5:29. Puedes amarte a ti misma porque Dios te ama, y no debes negar los talentos y las oportunidades que El te ha dado. Esta perspectiva es la raíz de la estima propia positiva y correcta.

Las razones principales por las cuales se tienen problemas con la estima propia son:

Nuestra sociedad niega a Dios, y rechaza los principios bíblicos.
Stuart Briscoe[1] pastor y autor aclara este punto cuando compara la
definición que Dios hace del hombre, con la definición que el hombre
hace del hombre en una sociedad que niega a Dios. "La Biblia enseña
que el hombre es una criatura hecha por Dios, que vive en un mundo
hecho por Dios, para Dios, y para la gloria de Dios. Si eliminamos a
Dios de esta ecuación, ¿qué nos queda? Queda el hombre, una criatura
viviendo en un mundo hecho por casualidad, por alguna razón viviendo
para su gloria." ¡Que existencia absurda! Pero encontramos que este
principio es el que rige las vidas de muchos individuos hoy en día.

Nuestra sociedad devalúa a las personas. El rechazo de la
perspectiva bíblica ha resultado en el uso de las personas como objetos,
en vez de individuos para amar. Cuando en nuestras relaciones más
importantes se nos critica, ridiculiza, se nos manipula y rechaza, nos
sentimos como un cero a la izquierda.

Nuestra sociedad da prioridad a las cosas materiales. No solamente
se ha devaluado a las personas si no que se ha dado un valor muy alto a
aquello que es pasajero. Se valora exageradamente la apariencia, la
fama, el dinero, la educación, el poder y los medios con que se logran
estas cosas.

Se atribuye tanto valor a la belleza física, que a las personas bien
parecidas se les trata mejor y con más respeto que a las más sencillas o
menos elegantes. Con razón, los resultados de una encuesta hecha por
algunas revistas femeninas[2] han encontrado que las mujeres, no importa

su edad, desean cambiar algo de su cuerpo. La sociedad en que vivimos adora la inteligencia. En las pruebas de inteligencia, la mayoría de las personas califican en el rango de "inteligencia promedio," así que ahora hay otra razón para negar nuestro valor, puesto que no hay satisfacción con nuestras capacidades mentales. Hay muchos tipos de inteligencias, pero desgraciadamente, solamente un tipo recibe valor; aquellas que se reconocen en el aprovechamiento de materias escolares.

Sin duda, la glorificación y la importancia que se le da al dinero y lo que el dinero puede comprar es otra manera en que se ha dado valor a lo material. Las personas compran los últimos modelos de todo; carros, ropa, y enseres domésticos, para así comprar un sentido superficial de valor propio. Compran para comprobar que pueden comprar lo mejor; y si no pueden, sienten que han perdido "status social," un requisito muy importante cuando las cosas tienen más valor que las personas.

Desafortunadamente, demasiadas mujeres creen la mentira que dice: "mi valor depende de mi apariencia física, mi poder, mi dinero y mi educación." Si piensas que estás libre de esta creencia examina lo que sientes la próxima vez que alguien ha ignorado tus opiniones. Por lo general, te sentirás rechazada, porque piensas que no tienes ningún valor cuando tu opinión no se toma en cuenta como parte de una decisión.

Ya que el medio en que te mueves posee tanta terjiversación de la realidad de la estima y valor, ¿Cómo se podrá lograr una estima propia correcta?

Tu austoestima es una responsabilidad que te pertenece. No puedes esperar hasta que otras personas reconozcan y afirmen tu valor. No se puede dar este regalo de estima propia a otro, y nadie lo puede proveer para ti. Bruce Narramore[2] cuenta que un jovencito puso un rótulo en la puerta de su dormitorio que decía "¡Yo sé que soy alguien, porque Dios no hace basura!" Este jovencito tenía lo que a muchas personas les falta: Una actitud positiva para si mismo.

Nada de esto implica que las opiniones que otras personas tengan de ti no te afectan. Las personas a tu alrededor pueden ayudarte a estimarte, así como también pueden hacerte sentir sin valor. El hecho es que, estás en arena movediza si tu sentido de valor descansa en las opiniones de otras personas. Esto tampoco indica que no tienes la responsabilidad de ayudar a otras personas a llegar a tener una estima propia adecuada. Debes reflejar a cada individuo que encuentres, ese valor que Dios te ha dado.

Rechaza el sistema de evaluación de este mundo. Recuerda lo que dice Romanos 12:2: *"No os conforméis a este mundo, sino transformaos, mediante la renovación de vuestro entendimiento, para que podáis comprobar cuál es la voluntad de Dios ..."*

Como mujer cristiana y flor del Jardín Celestial, no puedes dejar que la sociedad dicte lo que es importante. Esto no te permite que ignores la sociedad y la cultura en que vives, pero hemos de ser *"prudentes como las serpientes, y [sencillas] como palomas"* (Mateo 10:16).

Acepta de todo corazón el valor intrínseco que Dios ha puesto en ti.

Este valor está declarado en las Sagradas Escrituras. No importa como te sientes, lo más verdadero de ti es lo que Dios dice. Y El ha dicho, *"con amor eterno te he amado"* (Jeremías 31:3). Eres de gran valor, de un valor más alto que las piedras preciosas (Proverbios 31:10). Cuando crees en el amor de Cristo, puedes extender ese amor a otros, porque has aprendido a amarte. Puedes entonces expresar esta confianza con un entusiasmo contagioso a las personas con quienes te relacionas. Cuando juntas las palabras de Dios con sus hechos de amor, tienes toda la razón de estimarte con confianza. Una estima propia saludable es evidencia de tu confianza en el amor de Cristo y que lo aceptas tanto a El, como a su amor y su sacrificio.

Para recordar:

Nuestra sociedad niega a Dios, y rechaza los principios bíblicos.

Nuestra sociedad devalúa a las personas.

Nuestra sociedad sobre-evalúa las cosas.

La Biblia dice:

"... nadie odió jamás a su propia carne,

antes la nutre y la cuida."

Efesios 5:29

Para Reflexionar:

¿He puesto mi confianza en Dios? ¿Acepto su
Sacrificio por mi?

Capítulo 1

1. Antonio Jimenez, *¡No Ahogue su Autoestima!* (La Nación.com Revista Dominical. Abril 27, 2003. San José Costa Rica).

2. James Battle, *Culture-Free Self-Esteem Inventories*.(Second Edition Pro-Ed. Austin,TX.1992).

3. A Maslow. *Toward a Psychology of Being*.(2nd Ed. New York Reinhold 1968).

Capítulo 2

1. Bruce Naramore. *Building Biblical Self Esteem Booklet*.
   www.gospelcom.net/ narramore/bk112-self-esteem2
2. Ibid.

Capítulo 3

1. D. Stuart Briscoe. The Fulness of Christ ,(Zondervan Publishing. Grand Rapids, Michigan 1965).

2. Redbook and Lifetime www.ivillage.com.redbook
   NOW Foundation. www.nowoeg/nnt/winter-00 survey results
   Glamour. www.wellesly.educ/health/body/image
   CBS news.com stories Women Reveal Body Image Views. Health Watch.2003

3. Bruce Naramore. *Building Biblical Self Esteem Booklet*.
   www.gospelcom.net/ narramore/bk112-self-esteem2

ESPINAS

LOS EFECTOS DE UNA AUTOESTIMA NEGATIVA

La presencia de espinas en las plantas ha demostrado que proporcionan un límite a la pérdida de follaje y que protegen la corteza del árbol.

Las espinas evitan que algunos mamíferos ataquen ciertas plantas y árboles, pues restringen el tamaño de los mordiscos de los animales y reducen la velocidad con que pueden morder el árbol. Las plantas con espinas muestran variaciones en la densidad de sus espinas. Se ha encontrado que se debe a la genética, a las condiciones ambientales, y a los distintos tamaños y tipos de enemigos que puedan tener.

Si la planta tiene enemigos pequeños y muchos, habrá más cantidad de espinas y en una distribución más compacta, en su corteza. En cambio si la planta tiene menos enemigos las espinas aparecerán en menos cantidad.[1]

Con el pasar del tiempo nuestras vidas desarrollan espinas. Al estudiar esta sección deseo que pienses en las espinas de tu vida y cómo las haz utilizado para mejorar o empeorar la flor de tu autoestima.

"Los problemas son solo oportunidades con espinas."

"El pasado debe ser un trampolín, no una hamaca."

"Rosas sin espinas,
No son rosas de Dios ...
Son artificiales,
Sin olor ... sin amor ...

Cada rosa de Dios, tiene espinas,
Pero detrás de cada espina,
Hay siempre una rosa de amor." [2]

CAPÍTULO 4

Cristo puede borrar los dolores del pasado.

La historia de Susana nos relata el problema de muchas personas que batallan con una autoestima negativa.

De niña ella lloraba en silencio con su cabecita enterrada en su almohada. Había escuchado a su mamá comentar que su hermana mayor, Juanita, era la inteligente de la familia. Era Juanita la que había aprendido a leer a los cuatro años, y era Juanita la que tenía calificaciones de 100 por ciento en cada materia en la escuela. La mamá de Susana había olvidado recalcar que ellos (sus padres) habían puesto muchísimo empeño y tiempo en la educación de Juanita. Cuando Juanita era pequeñita, pasaban sus tardes y noches leyendo libros y animándola a escuchar historias grabadas. Constantemente la animaban a leer los letreros públicos y las cajas de cereal. Cuando Susana tenía edad suficiente para iniciar su educación, ya los padres estaban cansados de la tarea de enseñar a leer. Inconscientemente tenían excusas, cuando Susana preguntaba el sonido de ciertas letras o intentaba leer las palabras en las cajas de cereal.

Susana empezó a creer que era lenta para la lectura. Perdió el interés en la lectura, y en la escuela. Cuando estaba en el tercer grado se descubrió que ella tenía un cociente intelectual muy alto. Su maestra se interesó mucho en ella y la animó, a tal punto que Susana se convenció de que sí podía aprender. Su confianza en sus habilidades creció y sus calificaciones mejoraron. Sus padres la clasificaron como "la flor que se abrió un poco tarde." Pero en realidad lo único que llegó tarde para Susana fue encontrar alguien que creyera en ella y en sus habilidades.

Algunas mujeres, al igual que Susana, tienen la tendencia de constantemente escuchar las consecuencias internas creadas por su pasado, ya sea por sus padres, sus maestros u otras personas que fueron importantes en sus vidas. Han desarrollado conceptos erróneos de sí mismas porque toman ideas de las conversaciones que escucharon de estas personas o porque algún evento fue excepcionalmente negativo y doloroso. Absorben, aceptan y archivan cada reproche negativo que han escuchado y tienen el instinto de reafirmar estas críticas negativas al repetirlas una infinidad de veces.

Se recibe, se cree y se guarda cada concepto negativo y existe la tendencia de confirmar esos conceptos negativos, pues los repetimos a tal punto que lo creemos.

Toma unos pocos minutos para pensar en el día de ayer. ¿En algún momento dudaste de ti misma? ¿En algún instante dijiste, "yo no sirvo para..."? ¿Dejaste algún proyecto sin comenzar porque tuviste temor a fracasar?

Susana empezó a creer que era una estudiante de poca inteligencia. Cuando la maestra explicaba las lecciones en la escuela, Susana usaba todas sus energías para enfocarlas en su falta de habilidades y no podía concentrarse en las lecciones que debía aprender.

Toda mujer lleva consigo la influencia de su experiencia pasada. Los padres de cada niña han brindado una porción importante en el desarrollo de la imagen personal que cada una lleva. La presencia del amor de los padres permite que estas niñas, ahora ya jovencitas puedan confiar en el mundo. Luego podrán aventurarse a explorar y finalmente seran mujeres que se lancen fuera de sus hogares, con un sentido básico de quienes son. Sin embargo, si no han recibido ese amor, se volverán en contra de sí mismas y desarrollarán sentimientos de duda acerca de su valor propio.

El concepto que cada mujer tiene de sí misma es el que ha recibido de sus padres cuando niña. Esta imagen contribuye a las relaciones que tiene con los que están a su alrededor.

"Nuestro pasado puede, en distintos grados, agregar peso interno al alma. No prestar atención o no tratar bíblicamente las heridas, las violaciones y nuestro pecado puede estorbar e impedir nuestro crecimiento y progreso hacia la libertad. La buena noticia del evangelio es que Cristo nos libera del pasado y nos da nueva vida en El. Esto no significa que las heridas profundas y la culpa desaparecerán automáticamente, pero sí implica que ahora tenemos libertad y poder para actuar con rectitud con nuestro pasado teniendo al Señor como apoyo y guía a lo largo del camino. Resulta increíble pensar que Dios puede darnos una vida nueva que no se encuentra encadenada al pasado sino que apunta a la eternidad."[3]

Aunque todas estas experiencias negativas pasaron hace años, ¿cómo es que ahora causan tanto daño? La razón es simple. Los seres humanos tienen la capacidad de revivir cada memoria en su computadora mental. Tal vez se olvide donde se dejaron las llaves al llegar a casa, pero fácilmente se recuerda el dolor emocional que fue tolerado hace veinte años atrás.

Al enfrentarse con una situación basada en el mismo patrón, empiezan a lucir las imágenes pasadas y en la mente se repiten las descripciones de aquella ocasión donde hubo fracaso. Empieza a surgir el miedo, las ideas quedan atrofiadas y antes de siquiera plantearse los detalles de la nueva escena, se ha creado un aire de derrota.

¿Hay planes que no has llegado a cumplir por temor a no tener éxito?

Cuando un plan se realiza con éxito cada vez será más fácil intentar otro plan, con menos temor al fracaso. Formulando un blanco, basado en una idea, combinándolo con trabajo y dedicación, resultará en una conclusión exitosa. Entre más se trata de lograr, más sentido de éxito se alcanzará y esto producirá la confianza en si mismo. Entonces se logra lo que antes se catalogaba como imposible.

Al observar a las personas con autoestima baja se ha notado que éstas tienden a recordar sus errores y equivocaciones con más claridad que aquellas personas que llevan consigo una autoestima positiva. Las personas con autoestima baja están más listas a atribuir cualquier fracaso a su ineptitud, en vez de culpar a todas esas circunstancias duras que han enfrentado en el pasado.

Deja la negación de tus pérdidas.[4] Si hay enojo y dolor ante los reveses de la vida, ahora hay que enfrentar esas pérdidas y las emociones que las acompañan. Dios puede dar la libertad de cualquier carga del pasado que aún encadena, no importa si es un pecado cometido o un mal que se nos haya causado.

El autor Oswald Chambers[5] reflexiona sobre el pasado de esta manera: "Permite que el pasado duerma, pero que duerma recostado sobre el pecho de Cristo." Nuestros días pasados nos presentan cosas irremediables, la realidad es que hay oportunidades malogradas que nunca volverán, pero Dios puede convertir esta angustia destructiva en un provechoso autoexamen que te abrirá el futuro.

"Si alguno está en Cristo, es una nueva creación. Las cosas viejas pasaron, todo es

nuevo" (2 Corintios 5:17). Como nueva creación no tienes que permitir que las cosas viejas que te sucedieron sigan afectando tu nueva vida en Cristo. Eres una nueva criatura con una nueva vida. Puedes renovar tu mente de acuerdo con la Palabra de Dios. Cosas buenas te sucederán de aquí en adelante.

Reconoce la dificultad que esto presenta y, que tomará tiempo. Sé persistente en esta lucha por el control de tu mente. Según Filipenses 1:6, Dios ha comenzado una buena obra en nosotras y "la irá perfeccionando hasta el día de la venida de Jesucristo." Tomemos la Palabra de Dios como verdadera y poderosa.

Busca la ayuda del Espíritu Santo. Ten la seguridad de que si pides ayuda divina, la obtendrás a través del Espíritu Santo. Pídele que te corrija cada vez que te detengas para contemplar lo negativo del pasado y que puedas ver que sí es posible alcanzar un futuro productivo y glorioso. Tienes que aceptar que el Espíritu Santo no fue dado para causar molestia. Más bien, pone en acción tu conciencia trayendo a la mente un principio de advertencia de la Palabra de Dios. Esto es el amor y la sabiduría de Dios, en acción. No creas que puedes olvidar y arreglártelas sola. Apóyate en El. *"No os acordéis de las cosas pasadas, ni recordéis las cosas antiguas"* (Isaías 43: 18).

Para recordar:

La buena noticia del evangelio es que Cristo nos libera del
pasado y nos da nueva vida en El.

La Biblia dice:

"No os acordéis de las cosas pasadas, ni recordéis
las cosas antiguas."

Isaías 43:18

Para Reflexionar:

"Permite que el pasado duerma, pero que duerma recostado
sobre el pecho de Cristo."[6]

CAPÍTULO 5

Los errores de la vida no definen quien soy.

A través de las investigaciones se ha demostrado que las personas con autoestima baja tienden a recordar sus errores y equivocaciones con más regularidad que aquellas con una autoestima positiva. Por consecuencia estas personas con una autoestima negativa están más propensas a considerarse un fracaso, en vez de entender que son los fracasos y las circunstancias difíciles de la vida los que hacen que una persona crezca y madure. Las personas con una autoestima baja tienden a reafirmar este concepto negativo en cada circunstancia. Tienden a quitarle el valor a un cumplido y a menospreciar sus éxitos. Logran convertirse en sus peores enemigos porque el filtro que usan para percibir su mundo es uno de negatividad. La fotografía positiva o negativa que poseas de ti afecta tu percepción y tus interpretaciones del mundo que te rodea. Una imagen negativa distorsiona los mensajes recibidos y los eventos que experimentas en la vida. Por esta razón un concepto negativo es difícil de corregir, pues elimina cualquier mensaje positivo recibido cuando precisamente son los mensajes positivos los que se necesitan para iniciar un cambio.

Uno de los efectos más intensos de la autoestima baja puede ser observado en la actitud que el individuo desarrolla frente a su mundo. Las personas con una autoestima negativa tienen una perspectiva pesimista y temerosa del mundo y dudan de su habilidad en lidiar con los desafíos que enfrentan. Perciben los acontecimientos inesperados o las situaciones nuevas, como sucesos que pondrán en peligro su felicidad y su seguridad personal, como si fueran un ataque planeado en su contra. Sienten que el mundo los está encerrando y estrujando.

En contraste, las personas con una autoestima saludable perciben al mundo como un desafío para vencer, una oportunidad para ejercitarse y poner en práctica su confianza en Dios. Estas personas asumen que ellos pueden tener un impacto en su mundo por medio de Cristo y que por la gracia de Dios pueden cambiar el ambiente en que viven de forma positiva. Creen que su destino está basado en lo que Cristo puede hacer a través de ellos. Confían en que pueden y deben lograr actos significativos para la eternidad.

Una imagen negativa afecta a cada uno de forma diferente. Aunque haya similitudes entre una persona y otra, para algunas las consecuencias son inconscientes y para otras no. Cuando reflexionas en las cosas que has hecho y en las que aún no has alcanzado, hay una tendencia a criticar, juzgar y condenar. Esta evaluación negativa te abstiene de hacer cosas que bien podrías hacer con éxito. Usa tu pasado como un mapa o una llave que abrirá posibilidades, pues conoces tus debilidades. El pasado sencillamente te enseña las áreas que necesitas mejorar. Y debes buscar los pasos apropiados para continuar en un camino positivo.

Tus creencias básicas son importantes. Las creencias negativas formulan las reglas que usas a diario. Si tu grabación mental dice "soy una tonta," "no puedo manejar un carro por mi incompetencia," "no debo dar mi opinión porque no tengo importancia," estás creando un monólogo interno que forma tus creencias básicas. Estas creencias básicas son el fundamento de tu autoestima. Por el otro lado, si tu grabación mental dice cosas positivas que reflejan tu fe en Dios, entonces tus creencias básicas son constructivas, que confirman y solidifican una autoestima sana.

Se requiere tiempo y esfuerzo para lograr un cambio. Lo que se te haya dicho con anterioridad y los errores que has cometido en el pasado, no tienen que definir quien eres. Tampoco debes pensar que al tomar la decisión de seguir un camino positivo, toda tu imagen interna cambiará.

Las actitudes sanas cambiarán tu pensamiento si realmente tienes raíces fuertes.  Tu forma de pensar se ha formado durante muchos años y tomará tiempo y esfuerzo para lograr un cambio en estos patrones.

Para recordar:

Los errores del pasado no definen quien soy.

La Biblia dice:

"Mi amor es todo lo que necesitas;

pues mi poder se muestra mejor en los débiles."

2 Corintios 12:9

Para Reflexionar:

"Sé que Dios puede cambiar mis creencias básicas negativas

¿Qué debo hacer para darle la oportunidad?

CAPÍTULO 6

"... cambien su manera de pensar para que así cambie su manera de vivir y lleguen a conocer la voluntad de Dios ..."

Romanos 12:2

Dios desea transformar tus pensamientos. Cuando no te aprecias, es casi imposible resistir la tendencia de dar un mal trato a otras personas, especialmente a aquellas personas que piensas que son una amenaza. Debes aprender a amarte y respetarte, aun con tus faltas. Esto requiere el rechazo de las críticas destructivas que has recibido en el pasado y dejar de echarte tierra encima. Hay muchas mujeres que han interiorizado el odio y el abuso que han recibido en el pasado y se les hace difícil aceptarse a si mismas. Tienen dificultad en aceptarse como son, poseen dificultades en expresar cuán mala es la imagen que tienen de sí, y funcionan bajo la influencia de motivaciones erróneas.

Sin la aceptación personal es difícil amar y aceptar a otros. Si no hay un amor propio saludable, siempre habrán excusas por algún mal comportamiento y las expectativas serán las de alguien tratando de *recibir* en vez de una persona lista para *dar*.

Para llegar a amarte en la forma correcta, tienes que darte la libertad de ser una persona completa en medio de cualquier circunstancia que la vida te entregue. Cuando te amas de esta forma, encontrarás que has logrado una comunicación con la Fuente de Amor, que es Dios. Entonces podrás ofrecer a otras personas este mismo tipo de amor que es provechoso, positivo y celestial.

Al no comprender la totalidad del amor de Dios, desconfiarás de los demás y de ti misma. Tal vez eres cristiana de nacimiento, criada en una familia cristiana o has asistido a colegios cristianos. Pero ninguna de estas experiencias te garantizan que sentirás y conocerás el amor de Dios. Se te ha enseñado la aritmética, la ortografía, la lectura y los estudios sociales, pero no se te ha enseñado el propósito de la vida; no se te ha enseñado cómo depender de Dios para que El logre su plan en tu vida. Nadie te ha enseñado que eres especial y única.

Es de vital importancia que entiendas que Dios no te ama en base a tus acciones. Existe la tendencia a creer que tienes que "hacer algo" para que Dios te ame. Puedes repetir la frase, Dios me ama, sin realmente haber interiorizado el amor de Dios y sin ni siquiera sentirte digna de ese amor.

Frecuentemente caes en la trampa de la comparación con otras personas. Sin embargo hay que tener presente que puedes aprender de otras personas y en vez de usar sus méritos como medidas de tus faltas, puedes adquirir aquellas características que admiras.

Dios te ama aun sin esa característica que deseas tener. Tu estima propia y tu imagen mejorarán si con esfuerzo y oración trabajas en el cambio de aquellos elementos que necesitas cambiar. No pierdas el tiempo y las energías haciendo comparaciones y concretando ideas negativas de ti misma. Mas bien usa tus energías y tu mente para realizar eventos positivos.

Puedes entender mejor el amor de Dios teniendo una actitud de fe. Al leer la Biblia y al creer que no tienes que hacer nada para lograr el amor de Dios, entenderás su amor hacia ti. Puedes confiar en que te va a ayudar a tener paz, felicidad y autoestima positiva.

Para recordar:

Dios desea transformar mis pensamientos.

La Biblia dice:

"Cuida tu mente más que nada en el mundo,

porque ella es fuente de vida."

Proverbios 4:23

Para Reflexionar:

Mi manera de pensar determinará mis sentimientos

y mis sentimientos influyen mi forma de actuar.

Capítulo 4

1. José Gomez & Regino Zamora. *Thorns as induced mechanical defense in a long-lived shrub*. Ecology, (83 ;4, 2002, p. 885-890. Manucript 2001. Ecological Society of America, Granada, Spain)

2. http:biblia.com/poesias/rosas.htm

3. Cynthia Heald, *Cómo ser una Mujer Libre en Cristo*. (Florida: Editorial Betania, 1991).

4. Nancy Groom. *De las Ataduras a la Unión. Cómo huir de la Codependencia y abrazar el amor bíblico*. (Nav Press . Colorado Springs. Colorado 1991)

5. Oswald Chambers. *My Utmost for His Highest*. (N. J.: Barbour and Co. 1935)

6. Ibid.

CAPULLOS

EL DESARROLLO DE UNA AUTOESTIMA POSITIVA

Los capullos representan esperanzas de algo bello en el futuro. Cuando miras los capullos de una flor sabes que dentro de poco tiempo habrá algo bello que observar.

Los capullos tienen toda la belleza de la flor dentro de si; es una flor completa con todas sus partes, envuelta en un botón que con el paso del tiempo mostrará la hermosura escondida en su interior.

Tu autoestima está por brotar. Está toda envuelta dentro de ti. Solamente el tiempo y el calor del Sol de Justicia podrán ayudarte a brotar y así revelar la belleza natural que está escondida dentro de ti.

Esta belleza, que te ha dado el Creador mismo, necesita revelarse para poder darle honra y gloria, para llegar a ser un testimonio de la obra sanadora que ha hecho dentro de ti.

Prepárate para brotar con esplendidez, belleza y singularidad.

Entonces podrás ocupar tu lugar en el Jardín de Dios.

"Los ... capullos y las flores hablan a nuestro corazón y nos invitan a conocer al Creador'... "

Capítulo 7

"Porque tal como piensa

en su corazón

así es el ..."

Proverbios 23:7

Lo que piensas crece. Esta es una máxima oriental que presenta a perfección la ley más grande y fundamental de la mente. Sean tus pensamientos buenos o malos, la ley funciona y lo que piensas crece.

No hay diferencia si el contenido del pensamiento es correcto o no, lo que tú piensas que es, será. Recuerda que lo que crees es lo único que importa. Lo que crees acerca de tí tendrá un efecto profundo sobre lo que dices, cómo te sientes, y lo que haces, aun si la creencia es errónea.

Al transitar por esta vida estás constantemente expuesta a sugerencias negativas. Personas sin el propósito de hacerte daño te dan estas sugerencias en sus conversaciones. Las oyes en las reuniones sociales, y juntas de negocios. Lees sugerencias negativas en los periódicos, las escuchas en la radio y en la televisión. Este hecho te preocupa y quisieras aislarte en una torre de protección donde las sugerencias negativas no puedan penetrar; pero aislarte es imposible. Eres humana y eres responsable del efecto que las ideas negativas tienen sobre tí. Para lograr que tengan un efecto positivo, tienes que enfrentar las situaciones, no huir de ellas. Hay que mantener en mente que el dominio de estas influencias viene del poder que una misma les da. Los pensamientos negativos no pueden hacer daño alguno mientras no se los acepte.

Recibir una sugerencia negativa es una cosa; aceptarla es algo muy diferente. Si no la aceptas, esa suposición realmente no existe, y no tendrá ningún efecto sobre ti. Por el contrario, al aceptar algo negativo le estás dando la fuerza necesaria para convertirse en una creencia. Con la misma intensidad con que crees en una idea negativa, asi te afectará. Si no la crees, no te puede herir.

Tu autoestima es una parte de tu ser muy diferente a los órganos de tu cuerpo. No tiene un lugar específico donde alojarse, no tiene peso específico y no tiene color. Si estuvieras estudiando anatomía, estudiarías un libro de texto y allí encontrarías ilustraciones y fotografías de los órganos internos. Estas gráficas te ayudarían a tener una mejor comprensión de la estructura, la localización de un órgano específico y su función en el cuerpo humano.

Pero la autoestima no puede ser fotografiada, ya que no tiene forma, color, ni localización específica. Estás limitada en tu manera de entenderla; y para encontrar la manera de entenderla tienes que hacerlo por medio del estudio de la descripción de sus componentes que son:

El sentido de pertenencia

El sentido de valor

El sentido de, soy capaz o competente

Estas necesidades son la base de cada personalidad.

Imagina que estás cultivando flores en un jardín. Para tener un jardín productivo necesitas el terreno, las semillas, el sol y el agua. El terreno eres tú, la semilla puede compararse a tu sentido de pertenencia, el sol a tu sentido de valor, y el agua a tu sentido de ser capaz. Estos elementos son los necesarios para una autoestima saludable y fuerte. Si alguno de estos elementos están ausentes o son de calidad defectuosa, la flor autoestima será pálida, subdesarrollada e inatractiva.

Empieza aprendiendo acerca de tu sentido de pertenencia. Al estudiar el sentido de pertenencia, Maurice Wagner[1] nos ayuda a definir la pertenencia como "el sentido de sentirse amada." Es el sentimiento de seguridad que una persona tiene cuando está con otras personas, el saber que es parte de una relación y sentirse amada por otros incondicionalmente. Es conocer que para alguien "realmente eres importante."

Es necesario saber que hay personas que nunca han experimentado amor y aceptación incondicional. Por supuesto, casi todas hemos experimentado algún tipo de amor. Pero pocas han experimentado este tipo de amor incondicional que es necesario para fortalecer la autoestima. En un grado u otro el amor que has recibido ha sido imperfecto, porque las personas que te aman son imperfectas. Solo Dios te ofrece amor incondicional. El tipo de amor que muchas experimentan es el tipo de amor condicional que dice, "Te quiero porque eres bonita, saludable, estás en forma física excelente, eres inteligente, etc." Este tipo de amor conlleva un mensaje silencioso y una amenaza inconsciente. ¿Qué pasará cuando ya no se seas tan bonita, ni saludable; ni estés en forma física excelente o se pierda la capacidad intelectual? Este es un amor condicional.

El amor condicional no satisface el hambre de amor que tu sentido de pertenencia necesita para un desarrollo adecuado. Muchas mujeres han crecido con esta semilla deformada que produce una planta inestable. Otras tienen esta semilla sana pero no totalmente estable.

Investigaciones psicológicas [2,3,4] han demostrado que el factor más importante en el desarrollo de una autoestima saludable es el sentimiento de ser amada y cuidada; y eso es lo que hace que sea posible que amemos a otros. El amor es la fuerza sanadora mayor que puede existir en la vida de una persona.

Dentro de cada una de nosotras está la necesidad básica de pertenecer, de ser aceptada y de ser amada, aun cuando no se es perfecta. Deseas ser amada por lo que eres, no por lo que dices, cómo te vistes o las cosas que haces.

Cuando no sientes que perteneces piensas que siempres tienes que estar en competencia con los demás. Tratas de ser mejor que otros para ser amada y aceptada. Imitas a aquellas personas que crees que son aceptadas y amadas. O sencillamente dejas de desear el ser amada y te encierras dentro de ti misma y prefieres ser observadora de las actividades que te rodean. Sin embargo, solo Dios puede darte ese amor incondicional que tanto necesitas. No por lo que dices o haces, sino por lo que El ha hecho por ti.

Dedica tiempo a entender esta semilla del "sentido de pertenencia" antes de continuar estudiando el sol, "sentido de valor," y el agua, "sentido de, soy capaz."

Para recordar:

"Lo que piensas crece."

La Biblia dice:

"Porque tal como piensa ... así es el."

Proverbios 23:7

Para Reflexionar:

Para que mi flor sea bella y de colores atractivos debe estar

cimentada en Cristo, quien es el único

que proporciona amor incondicional.

Necesito amor incondicional para disfrutar el

sentimiento de que pertenezco.

CAPÍTULO 8

"Yo te he amado con amor eterno; por eso te sigo tratando con bondad."

Jeremías 31:3

"Miren cuánto nos ama Dios el Padre, que se nos puede llamar hijos de Dios, y lo somos."

1 Juan 3:1

Dios es quien te da mérito y valor. El anhela que tu encuentres mérito y valor en El, y que reconozcas que le perteneces. Solo Dios puede darte ese amor incondicional que tanto necesitas. No por lo que dices y haces sino por lo que El ha hecho por ti.

Al entender esto estás preparada para utilizar el agua para tu planta y así suplir esa flor de la autoestima con otra de las necesidades básicas que te da tu sentido de valor. Es aquel sentimiento que revela que, "Me respeto y no me avergüenzo de la manera en que me trato." Es entender que. "Aunque no soy perfecta, todavía me puedo apreciar y amar pues en Cristo soy una persona de mucho valor."

Veamos un ejemplo en la vida de Susana. Ella ha logrado la cumbre del éxito en su profesión. Es autora de varios libros, es conferencista internacional, es dueña de un carro lujoso, último modelo, vive en una de las áreas residenciales más deseables de la ciudad. Tiene seguridad en su trabajo, y las personas que trabajan con ella la clasifican como una persona de mucho éxito. Pero Susana afirma que vive en temor e incertidumbre, admite a sus amigas íntimas que tiene su autoestima muy baja; está atormentada por sentimientos de inferioridad, y no siente que merece ser amada.

Las mujeres tienden a escoger diversas formas de lograr este sentido de mérito. A diferencia de Susana muchas escogen el "amor" para hacerlas sentir que son personas de valor. "Amor" está entre comillas, pues este no es el amor verdadero que se necesita para formar el sentido de valor. Es realmente un espejismo que se utiliza para aquietar las dudas. Estas mujeres inconscientemente piensan que este "amor" es lo que les borrará su sentido de poco valor.

Este tipo de "amor" puede ser el de sus hijos, que por su sola existencia comprueban que ellas tienen mérito. Los hijos absorberán muchísimo de su tiempo, tiempo que no tendrán que emplear en pensar acerca de su valor personal. Este "amor" también puede ser el de un novio o esposo que la acepta por aspectos físicos, mentales o financieros.

Ellas aceptan ese amor con tal de recibir aprobación de otro ser humano.

Al buscar valor y mérito a través de los hijos, la mujer generalmente se juzga por los éxitos o fracasos de sus hijos. En nuestro ámbito hispano es muy aceptable que el sentido de valor se alcance a través del amor hacia los hijos. Es una forma aceptable en nuestra cultura y sociedad.

Es obvio que la autoestima baja ha sido parte de la vida de muchas mujeres a través de los siglos, pero durante los últimos cien años se ha podido notar que hay una gran cantidad de mujeres que están buscando este sentido de valor a través del "amor." Antes del siglo veinte la mayoría de los matrimonios se iniciaban por razones prácticas más que por razones emocionales. Quizá la pareja eventualmente aprendía amarse profundamente después de muchos años, pero era rara la vez que un matrimonio se iniciaba basado en un amor genuino.

En contraste, durante nuestros días todo esto ha cambiado drásticamente. No solamente se le ha puesto un valor exagerado a las relaciones románticas, sino se le ha dado un lugar mayor que todos los otros tipos de relaciones. La sociedad promueve la idea de que el romance es algo que todas debemos desear y experimentar. El sexo femenino está encaminado a estar enamorado del amor. Desde muy temprana edad a las niñas se les enseña formas sutiles de, "no eres nadie hasta que alguien del sexo masculino te quiera." Eventualmente este mensaje llega a formar parte de sus conceptos básicos y se inicia la búsqueda de aquel "príncipe azul" que dará valor a su vida.

Desde la niñez existe la creencia de que su mayor responsabilidad en la vida es mantenerse atractiva para agradar al sexo masculino. Constantemente se le recuerda a las jóvenes, aunque sutilmente, que su sobrevivencia está ligada a su relación con el sexo opuesto. De esa manera tenemos señoritas y aun mujeres adultas que están adictas a la necesidad de agradar y recibir la aprobación del sexo masculino.

Las chicas se decoran, se pintan, se encolochan, se alisan, se perfuman, se aprietan y hasta calzan zapatos que maltratan sus pies en conformidad con las ideas populares de agradar al sexo opuesto. Y así, como en todo hábito, la dependencia y el apetito por aprobación crece. Hay muchas ocasiones en las cuales esta dependencia se vuelve insaciable y empiezan las constantes preguntas: ¿Crees que soy bonita? ¿Soy más bella que ella? ¿Me quieres? ¿Por qué me quieres?

La creencia de que una mujer "no se ha realizado" hasta que tenga la experiencia de ser madre va mano en mano con la teoría de que la mujer no es nada sin un hombre. Estas dos creencias producen la filosofía de que el matrimonio y la maternidad son los únicos dos ingredientes que una mujer necesita para ser feliz. Si no ha tenido estas experiencias o si no es totalmente feliz siendo esposa y madre, es denominada como alguien que tiene problemas graves. Es catalogada como egoísta y con problemas serios.

De igual manera las adolescentes y damas de edad mayor usan la maternidad para llenar una variedad de propósitos. Pero estas mujeres también están decepcionadas ya que se han equivocado en su búsqueda, pues la maternidad no es una experiencia que automáticamente las transforma en personas que tienen una autoestima alta. Cada una de nosotras tiene una capacidad para criar hijos que se ha confundido con la búsqueda por valor propio. Se ha inculcado a la mujer que si se desarrolla esa capacidad de crianza, entonces es normal.

Al mismo tiempo se les enseña que no se deben nutrir las necesidades personales. Se puede notar que es una práctica muy común. Se espera que la mujer esté pendiente de las necesidades de otras personas, pero es egoísmo si ella comunica sus necesidades.

Otra ruta común que se toma es la de buscar mérito por medio del trabajo. Mujeres que no están necesitadas de amor romántico o de la maternidad, pero que se enfrascan en su carrera profesional en la búsqueda de mérito. Esperan que su carrera profesional satisfaga sus necesidades y justifique su existencia. Su dedicación al trabajo es tal que pareciera que la totalidad de su vida depende de ese trabajo.

La mujer que busca su autoestima por medio del trabajo no es diferente de aquellas que están buscando su estima por medio de la familia o el romance. Su motivación es la misma, una estima negativa, la falta de un sentido de valor. Ellas no pueden relajarse y gozar de unas vacaciones. Aun cuando están fuera del trabajo y pareciera que están relajadas, la mayoría de ellas están haciendo planes para proyectos, detallando esos eventos para cuando regresen al trabajo. Hasta se sienten culpables porque no están trabajando.

No obstante, la realidad es que en cualquier momento se puede perder el empleo o la capacidad de trabajar. Y, ¿qué queda entonces? Cuando no se puede contribuir con algo útil a este mundo, ya sea en forma permanente o en forma temporal, ¿podemos considerarnos como personas de valor?

Tu valor no viene de otro ser humano. Solamente en Cristo puedes encontrar tu verdadero valor. Su sacrificio en la cruz fue un sacrificio hecho antes de que existieras; por el simple hecho de que desea que un día puedas vivir con El. No importa si eres soltera, casada, separada, divorciada o viuda. A El no le interesa si eres gorda, flaca, esbelta, bajita, alta, fea o bonita. Tu llegada a este mundo no fue una casualidad, pues Dios te tenía en mente antes de que fueras concebida. *Dios nos escogió ... desde antes de la creación del mundo, para estar en su presencia ... (Efesios 1:4).*

Tu valor no viene del trabajo. Es interesante notar que si valoras a tu trabajo más de lo que valoras a Cristo, esto es lo que se convierte en tu fuente de valor. Si el valor de tu existencia viene de tu trabajo, cuando llegue el día que no lo puedas hacer, tu fuente de valor se derrumbará. Tienes que llegar al punto de darte cuenta de que todo aquello que no está cimentado en Cristo, caerá. Hasta el rey Salomón nos dice, *"al ver lo que yo había hecho en este mundo, lamenté haber trabajado tanto, pues hay quien pone sabiduría, conocimientos y experiencia en su trabajo, tan sólo para dejárselo todo a quien no trabajó para obtenerlo" (Eclesiastés 2:20-21).*

Tu vida en esta tierra es pasajera, ya que como cristiana tienes la esperanza de llegar a vivir en el Cielo. Con más razón debes poder llegar a decir como Pablo *"todo esto [trabajo] que antes valía mucho para mí, ahora, a causa de Cristo, lo tengo por algo sin valor" (Filipenses 3:7).*

Nunca vaciles en llegar a Dios en oración cuando sientas que eres una persona que no vale nada. Si esperas tener mérito antes de acercarte a Dios, nunca lo harás. Si esperas hasta que sientas que mereces su amor, no gozarás de la salvación aunque ya es tuya.

Busca a Dios, tal como estás; no importa cuán indigna te sientas, Dios te ayudará e iniciará en el proceso necesario para que tu capullo florezca.

Mantén en tu mente el hecho de que Dios te ha escogido para ser su amiga. Jesús es tu hermano mayor, tu padre, tu amigo. El es lo que tu necesitas en tu vida. El te ha escogido y eso te hace una persona de valor. Por medio de su sacrificio te ha dado la importancia que anhelas, para tener un capullo con raíces indestructibles, que está recibiendo el agua necesaria para su crecimiento normal.

Para recordar:

Dios es quien nos da mérito y valor.

La Biblia dice:

"Miren cuánto nos ama Dios el Padre, que se nos puede llamar

hijos de Dios, y lo somos."

1 Juan 3:1

Para Reflexionar:

Con todas las filosofías que me indican que mi valor viene de

otra persona, mi trabajo o cosas materiales, ¿qué debo cambiar

para comenzar a crecer en el jardín de Dios usando la

comprensión del valor que Cristo me ha otorgado?

CAPÍTULO 9

"Puedo hacerlo" es la actitud del individuo que se siente competente.

El tercer elemento necesario para el crecimiento de la autoestima es el sentido de ser capaz y competente. Esta es una mentalidad optimista que da esperanza y ánimo. Es el sentido que se relaciona íntimamente con el éxito de poder resolver problemas. Las personas con una actitud competente enfrentan cada día con gozo y entusiasmo las oportunidades que tienen por delante.

Toma nota de los siguientes personajes muy bien conocidos por el mundo entero, fíjate en la característica común entre todos ellos: "Eres latino, mijo," eran palabras que daban dirección a la vida de José. Todas las cosas que él no podía realizar estaban basados en este hecho. José tuvo una vida dura al tratar de ajustarse al pensamiento y la manera de vivir en Los Ángeles, California. Desde niño llego a sentir el desprecio y los prejuicios de los otros niños de su escuela hacia su raza.

José dice, "El prejuicio que había en la escuela en lo referente a mi comida y a mi acento era algo que sentía que podía cambiar con el tiempo, pero el racismo cruel y el conocimiento de que alguien se sentía superior a mí, solamente por mi apariencia, llegó a lo más profundo de mi interior. Sentí una inmensa soledad." Comentarios como, "¿por qué no te regresas a Méjico, de donde vienen todos los mojados?" "Tu no eres Americano, y mi padre dice que ustedes, causan problemas." "Todo aquí estaba bien hasta que ustedes, mejicanos, llegaron a nuestra escuela," eran palabras que confundían a José porque él nació en Estados Unidos.

Al llegar a la edad para seguir estudios secundarios, José fue a Montemorelos, Méjico para estudiar. Notó que allí tampoco fue considerado como uno del grupo, allí se dio cuenta que un latino con raíces mejicanas pero nacido en Estados Unidos, tampoco era aceptado.

Algunos de los jóvenes se le acercaron para hacerle saber que el solo hecho de venir de Los Ángeles, quería decir que tenía dinero y esto le imponía la obligación de compartir con ellos no solo su dinero, sino también sus pertenencias. Estos compañeros hicieron creer a José que era razonable sentir cierta culpa y cierto nivel de traición hacia la patria de sus antecesores. Estos hechos crearon problemas de identidad para José, y se preguntaba: ¿quién soy yo? En Estados Unidos su nacionalidad le era negada, por su acento, su color, y los "burritos" que comía. En Méjico, el hecho de haber nacido en Estados Unidos y de hablar un español imperfecto, era suficiente para eliminar su herencia mejicana. En conclusión, José se formó una imagen mental de si mismo que lo hizo pensar que era un monstruo llegado de otro planeta.

Su experiencia en los estudios superiores presentó algunos retos a José. Varias veces estaba a punto de dejar los estudios, porque su promedio de calificaciones no llegaba al puntaje requerido por el centro de estudios a el cual asistía. Pero el apoyo y las palabras de ánimo de muchas personas, llegaron a ser y a tener, una influencia inmensa en el desarrollo personal y académico de José.

Al responder a uno de sus mentores de la razón por sus calificaciones bajas, José contestó: "La razón por la cual mis calificaciones son bajas es porque soy Mejicano." Pero este mentor tenia una filosofía muy diferente y tomó a José del brazo y exclamó: "escuche amigo, tu tienes un cerebro como todos los demás, ¡úsalo! Este concepto infundió a José la creencia que "nosotros los minoritarios también podemos lograr nuestras metas."

José vive esta filosofía, y ha mostrado que apoyado en Dios y en una creencia positiva de sí mismo, ha servido con mucho éxito a la juventud en las calles de Los Ángeles; tuvo el privilegio de llevar la antorcha olímpica en la trayectoria por la capital de la nación, en 1996; ha

recibido aclamaciones del gobernador de Maryland, por sus logros con
la juventud; Por medio de José un presidente de la nación ha envió las
enviado
gracias a la Iglesia Adventista por el liderazgo que la iglesia tiene en los
servicios humanitarios en la comunidad.

Hoy en día el Pastor José Rojas se yergue como un gigante espiritual
que dirige el Ministerio de Voluntarios Adventistas en Norteamérica,
una organización desarrollada por él, que tiene el propósito de movilizar
voluntarios de todas las edades para el servicio a la comunidad.

Acerca de las dificultades en su crecimiento y desarrollo académico
José declara, "Dios usó este tiempo importante de mi vida como una
preparación para mi futuro. Ahora comprendo que no podemos dar
alguna contribución a este mundo a menos que llegamos a conocer
quiénes somos."[1]

Antes de emigrar a Buenos Aires, Argentina, Felisa García ya había
experimentado el trabajo arduo de criada en una casa de familia. Había
vivido la pobreza a tal grado que no poseía mucha ropa, apenas un
vestido para asistir a la iglesia y otro para el uso diario. Felisa
aprovechó la bondad de la dueña de la casa en que trabajaba para
aprender a tocar el piano, una destreza que todavía mantiene a los 95
años de edad. Aprendió a trabajar de forma eficiente. Preparaba una
comida nutritiva utilizando pocos ingredientes y poco tiempo, cuando su

esposo llegaba a casa con visitas inesperados. Nunca se dejó vencer por la falta de cosas materiales. Felisa cosía su propia ropa; y también hacía costura para ayudarse económicamente.

Cuando Felisa y su familia llegaron a California, había pocos hispanos en el área. Ella era parte importante en la iniciativa que aseguraba que los hispanos fueran atendidos en su hogar. Y además de llegar a conocer el área, era una especie de guía turística para aquellos obreros que llegaban de Latinoamérica.

El sistema patriarcal en que creció, fue el mismo en que vivió en su vida de casada, donde el esposo tomaba las decisiones importantes, controlaba las finanzas, y se dedicaba totalmente a su trabajo. Ella, aunque era educadora profesional se dedicaba al hogar. Felisa tenía sus propias ideas en asuntos financieros, y en ocasiones tomó decisiones que afectaron positivamente a su familia, aun cuando las personas a su alrededor no creían que fuera la decisión correcta. En estas ocasiones las características de su personalidad, y su determinación y decisión salían a relucir.

Felisa García encuentra expresión para sus sentimientos en la poesía. Escribió y publicó en varias obras latinas.

Felisa García Pérez Marcio no permitió que la pobreza, las vicisitudes de la vida, el pasado, las costumbres, y el trabajo arduo fueran obstáculos en el camino hacia la realización. Fue un ejemplo y una ayuda de gran valor en la formación de la obra Adventista en Latinoamérica.[2]

Nacida en Fajardo, Puerto Rico, "Tonita" tuvo una infancia de pobreza y enfermedad. Una enfermedad congénita de malformación del intestino grueso que requería frecuentes cirugías durante sus primeros dieciocho años de vida. En su juventud "Tonita" pensó: "Cuando yo sea grande, nadie más tendrá que esperar 18 años." Con el apoyo y el empuje de su madre logró su sueño de estudiar medicina, luego se especializó en pediatría. Tuvo una práctica privada en Washington pero decidió cerrarla porque, en sus propias palabras, "cuando la pediatra llora tanto como los padres de sus pacientes es tiempo de dejar ese trabajo."

Su sensibilidad hacia otros se demuestra en su oficina del Departamento de Salud Pública que está decorada con fotografías de niños, muñecas y arte infantil que le dan la apariencia de una sala de pediatra más que una oficina de burócrata. Su interés y cariño hacia los niños se demuestran por medio de sus frecuentes visitas a hospitales, donde alivia dolores y tristezas con abrazos y palabras de ánimo.

Siguió su labor en medicina en las áreas de salud pública hasta que fue nombrada Cirujano General del Gobierno de los Estados Unidos por el presidente George Bush en 1990. Lleva la distinción de ser la primera mujer y la primera persona de origen hispano nombrada a esta posición. Durante su estadía en esa labor enfocó su atención en la salud de mujeres, niños y de los grupos minoritarios, así como en el SIDA y el uso del alcohol y de los cigarrillos entre menores de edad.

Antonia C. Novello es reconocida por sus contribuciones a la Salud Pública, sus trabajos en investigaciones de SIDA, y la gran variedad de sus aportes mientras formó parte del la Comisión de Servicios de Salud Pública (Public Health Service Commissioned Corps).

Mientras ocupa la posición de Comisionada, del Departmento de Salud de Nueva York, ha estado muy activa en la implementación de programas de salud que benefician a la familia y a los niños.[3]

Estas personas tienen una característica en común: Un fuerte sentido de mérito y capacidad. Creían ser personas competentes. Y lograron lo que se propusieron, con la ayuda de Dios y mucho esfuerzo de su parte.

Hemos leído o tal vez escuchado la historia de la pequeña locomotora que tenia una actitud positiva. A esta locomotora se le asignó el trabajo de llevar una carga inmensa por un camino muy empinado. Las locomotoras más grandes decían que ella no podría cumplir con la tarea porque era muy pequeña, pero puso su hombro al trabajo y lo hizo con la actitud de "puedo hacerlo." Aun cuando en el camino le parecía que iba a ser imposible cumplir la tarea, se repetía a sí misma "puedo hacerlo, puedo hacerlo, puedo hacerlo." Como resultado y para sorpresa de las máquinas más grandes que habían dudado de ella, la pequeña locomotora llegó hasta la cima de la montaña con su carga pesada.

Durante la niñez se puede empezar a construir un sentido saludable de competencia al dejar que los niños exploren y se independicen en formas apropiadas para su edad. Al animarlos a probar nuevas experiencias y sobrepasar nuevas dificultades, su sentido de confianza y sus habilidades crecen. Cuando intentan hacer cosas nuevas, y tienen más y más éxitos, crece la actitud de "puedo hacerlo."

Observe a un bebé cuando empieza a dar sus primeros pasos. Toma un pasito, se cae, se levanta y toma otro paso. Si vuelve a caer, vuelve a intentarlo. Con el tiempo toma muchos pasos. Acompañando sus esfuerzos está la alegría y el orgullo que muestran sus padres con este acontecimiento. Con el tiempo el bebé llega a caminar y con más práctica aprende a correr; y ahora sigue a sus padres y hermanos donde quiera que van. Ya que ha adquirido esta habilidad y le hemos aplaudido sus logros, desarrolla un sentido de competencia en el arte de caminar. Este logro tendrá una influencia al iniciar otros tipos de aprendizaje.

La actitud de los padres es sumamente importante en este desarrollo. Al permitir que sus hijos experimenten nuevas tareas con dificultades crecientes, comunican a sus hijos que ellos creen que pueden. Cuando los hijos no tienen estas oportunidades para tomar algunos riesgos pequeños, probar nuevas actividades y explorar nuevas ideas, reciben el mensaje sutil, "no tienes capacidad para hacerlo, no confío en tus capacidades, no sabes resolver situaciones problemáticas."

Segunda de Corintios 3:5 lo presenta de esta manera: *"No es que nosotros mismos estemos capacitados para considerar algo como nuestro; al contrario, todo lo que podemos hacer viene de Dios.*"

Oseas 1:10 declara, "*Ustedes son [hijas] del Dios viviente.*" Dios no te escogió ni mantiene su vista en ti por tu apariencia física, por la carrera que escogiste o por lo que tienes sino porque te ama y te redimió. Deuteronomio 7:6 afirma esta verdad: "*El Señor tu Dios te ha elegido.*" No por ser más que otros sino porque Jehová te ama. Solamente por este hecho es que tienes valor, perteneces a El y eres capases.

Haz un experimento en el arte de pensar. Este experimento será una experiencia a la vez que emocionante, interesante, que seguramente te traerá mucho bien. Requiere que durante un día completo, pienses, hables y actúes como si estas absolutamente convencida de la verdad en la afirmación siguiente: Dios tiene todo poder e inteligencia infinita. Su naturaleza es de amor y bondad eterna. El me conoce y me ama, "*todo lo puedo en Cristo que me fortalece*" (Filipenses 4:13).

Puede ser que este experimento sea una creencia teórica para ti, pero el solo hecho de actuar en concordancia con ella puede cambiar tu modo de pensar. Hacerlo durante todo un día será la parte más difícil. Pero, vivir de acuerdo a esta probabiliad será fácil si te mantienes alerta y vigilas tus palabras. Actuar de acuerdo a esto requiere mucha valentía.

Nadie sabe lo que realmente puede hacer hasta que intenta hacerlo.

Dios tiene un camino para ti por el cual te acompañará mientras realizas los deseos de tu corazón. El no te permite soñar para que te quedes frustrada. Debes mantener la confianza hasta el final y no rendirte cuando la montaña parece demasiado grande.

Conoce tus debilidades y conoce a Dios. Busca conocer el poder de Dios y su fidelidad. Sobre todas las cosas, no te rindas. En Colosenses 3:2 Pablo te dice que debes decidirte y mantenerte firme. No digas cosas como: Es demasiado difícil; No puedo hacer esto; No llegaré. En cambio, piensa: *"Todo lo puedo en Cristo que me fortalece"* (Filipenses 4:13). Declara: Estoy lista para cualquier cosa. Soy capaz de hacer cualquier cosa por causa de El que me infunde fuerza interior. Soy suficiente en Su suficiencia.

Si crees en estas verdades con la misma confianza en que crees en la existencia de la electricidad o el sistema telefónico, las tres partes de tu autoestima (sentido de pertenencia, sentido de valor y sentido de capacidad) estarán fuertes y arraigadas en Cristo. Amén

Para recordar:

Nuestra suficiencia viene de Dios.

Cristo Dice:

"Todo lo puedo en Cristo que me fortalece."

Filipenses 4:13

Para Reflexionar:

Resuelvo que diariamente pensaré en el precio pagado y deseo que mi vida muestre ese sentido de competencia que obtengo solamente por El.

Capullos

1.Elena White. *Camino a Cristo*. (Review and Herald Pub. Association 1956).

Capítulo 7

1. Maurice Wagner. *The Sensation of Being Somebody*. (Zondervan, 1975). Reprinted by Christian Growth Publication. Inc.

2. National Association for Self-Esteem. www. SteveWilson.com Steve Wilson. *The Character of Self-Esteem.* (1998. All rights reserved).

3. IAE Mará José Soler.*Como Desarrollar la auto-estima de nuestros adolescentes.* (Escuela de Dirección y Negocios de la Universidd Astral. www.edu.ar/web).

4. Magdalena R. de Mellado. *Revisando la Auto-estima.* (www.terra.com).

Capítulo 9

1. José V. Rojas. *José God Found Me in Los Angeles.*(Review and Herald publishing Association. MD, 1999).

2. Entrevista con Eunice Isabel, hija de Felisa Perez Marcio, Mayo 2003.

3. www. Surgeon general.gov/library.
   www. liquidleaf.com/historia/novello.
   www.puertorico-herald.org
   www.achievement.org/autodoc.
   http://asl.elibrary.com

FRAGANCIA

EL MANTENIMIENTO DE TU AUTOESTIMA

Al acercarnos a una flor la olemos pues esperamos encontrar en ella una fragancia agradable, que despierte nuestros sentidos y alivie nuestras ansiedades.

En los últimos años ha resurgido la atención del público hacia la aromaterapia. Hay muchísimos expendios de fragancias con determinados fines. Unos para el relajamiento, y para combatir la ansiedad y el estrés, algunos con aromas para estimular la sensualidad (clavel), otros como antidepresivos, afrodisíacos, y sedantes (jazmín), y aun como conciliador del sueño (valeriana).

Como flor del Jardín de Dios, la fragancia que estás esparciendo debe ser la que Dios ha determinado para ti: *"Porque para Dios somos grato olor de Cristo... y por medio de nosotros manifiesta en todo lugar el olor de su conocimiento"* (2 Corintios 2:15 y 14).

Ahora al llegar a la trayectoria final de este libro estás lista para esparcir tu fragancia. Es mi deseo que tu estima propia sea tal que puedas ofrecer relajamiento, tranquilidad, descanso, paz y amor a ti misma y a las personas que te rodean.

Ayúdame a Esparcir Tu Fragancia

Oh Jesús, ayúdame a esparcir tu fragancia dondequiera que vaya.

Inunda mi alma de tu espíritu y vida.

Penétrame y aduéñate tan por completo de mí, que toda mi vida sea una irradiación de la tuya.

Ilumina por mi medio y de tal manera toma posesión de mí, que cada alma con la que yo entre en contacto pueda sentir tu presencia en mi alma.

Que al verme no me vea a mí, sino a Ti en mí. Permanece en mí. Así resplandeceré con tu mismo resplandor; y que mi resplandor sirva de luz para los demás.

Mi luz toda de Ti vendrá, Jesús: ni el más leve rayo será mío. Serás Tú el que iluminarás a otros por mi medio.[1]

CAPÍTULO 10

1 0-11-09

"Porque somos hechura suya, creados en Cristo Jesús para buenas obras, que Dios de antemano preparó para que anduviésemos en ellas."

Efesios 2:10

¿Quién eres?

¿Alguna vez te has hecho esta pregunta? Puedes responder de una de las siguientes formas: Mi nombre es María García, la hija de Manuel García. Ejerzo tal o cual profesión. Pertenezco a tal o cual iglesia y pertenezco al partido político correcto.

Estas afirmaciones tienen algo de cierto; hasta donde llegan son apenas una descripción de la fotografía que estás proyectando en el momento de tu respuesta, pero — la realidad es— esto es solamente un reflejo. Es un símbolo inestable y pasajero de tu actitud mental en este momento, nada más.

Quién eres realmente, es una expresión viva de Dios mismo, potencialmente expresando cada cualidad de Dios. Eres parte de la expresión de Dios mismo. Es tu tarea dar expresión a Dios, y traer la imagen de Dios a otras en forma práctica y real; para así cambiar esa fotografía mental limitada que tienes de Dios, a una expresión gloriosa de la verdad que conoces. Puedes hacer esto solo dejando que Dios se refleje por medio de ti.

La esencia de la autoestima es la compasión por ti misma. Cuando tienes compasión por ti misma, te comprendes y te aceptas. Si te equivocas, te perdonas. Tienes expectativas reales y te propones blancos alcanzables.

Cuando visualizas la compasión y su relación con la autoestima notas que es mucho más que ser amable o servicial. En primer lugar, la compasión no es un rasgo inalterable. Es una característica que puedes adquirir, o que puedes mejorar si ya la tienes. En segundo lugar, la compasión no es algo que solamente sientes por otras personas. La compasión debe también inspirarte a ser amable y servicial contigo misma.

Hay tres componentes básicos en el rasgo de la compasión: la comprensión, la aceptación y el perdón.

LA COMPRENSIÓN

El intento de comprender es el primer paso para establecer una relación contigo y con los demás. Al comprender algo importante de ti misma cambiarán totalmente tus sentimientos y tus actitudes.

Considera este ejemplo de Susana, como estudiante universitaria, quien finalmente comprendió el por qué comía de forma exagerada por las tardes. Un día Susana tenía que terminar un proyecto extremadamente difícil. Había trabajado por muchas horas, y se dio cuenta que todavía le faltaban muchos detalles para completar aquel proyecto. Era tanto lo que le faltaba que Susana calculó que le llevaría un día más, y ella ya tenía otros compromisos para el siguiente día.

Se subió a su auto para ir a casa, con un ojo en el medidor de la temperatura del motor, y otro en el camino, pues, hacía días se estaba recalentando. Ella no tenía recursos suficientes para llevarlo a un taller de reparación. Estaba exhausta, ansiosa, y derrotada. Pensó parar en el supermercado y conseguir algunas golosinas para comer, mientras cocinaba algo para cenar.

Al imaginarse saboreando las golosinas empezó a relajarse y a sentirse mejor. En este punto de la situación hizo algo diferente. Se preguntó, ¿por qué al pensar en comida me siento mejor? En ese momento descubrió algo. Ella comía demasiado por las tardes para escapar de las tensiones y de la frustración que le había producido el día. Comprendió que estaba usando la comida como una respuesta a sus frustraciones, en vez de verse como una persona débil y glotona.

Las revelaciones de tu yo, no siempre te llegan de forma tan sencilla. A veces son el resultado de un trabajo personal lento, con esfuerzos sostenidos para comprenderte. Tu decisión de leer este libro es ejemplo de un deseo consciente de llegar a la comprensión de ti misma.

Cuando logras comprender la naturaleza de tu problema no significa que has encontrado la solución. Lo que esto representa es que has comprendido como funcionas — lo que tú haces cuando enfrentas los problemas, y las razones por que tú reaccionas así. Significa que ahora tienes un conocimiento de cómo llegaste a ser la persona que eres.

LA ACEPTACIÓN

La aceptación es quizá el aspecto más difícil de la compasión. La aceptación es el reconocimiento de los hechos, pero con la suspensión de todo juicio. No apruebas ni desapruebas — aceptas. Por ejemplo, la afirmación, "Acepto el hecho de que no estoy en buenas condiciones físicas," no quiere decir, "No estoy en buenas condiciones físicas, y estoy contenta con este hecho."

Esto quiere decir "No estoy en buenas condiciones físicas y lo reconozco. No me gusta, y la verdad es, que a veces me siento como un barril de grasa." Pero ahora voy a poner mis sentimientos a un lado y me voy a enfrentar a los hechos. Estos hechos tienen que ser aceptados, pero no usados para maltratarte y denigrarte — recuerda que eres la imagen de Dios.

EL PERDÓN

El perdón es el resultado de la compasión y la aceptación. Al igual que esas dos características, no significa aprobación. Significa, dejar el pasado, reafirmar el respeto propio en el presente, y la búsqueda de un futuro mejor. El perdón es una decisión que se inicia con la muerte del yo. Implica una renuncia a los derechos de reclamo y venganza que mi naturaleza humana exige. Compromete mis sentimientos, mis pensamientos y mi voluntad, todo mi ser está envuelto en el acto de perdonar. Tengo que recordar que el dolor emocional no desaparecerá de inmediato, pero significa que he iniciado el camino hacia la paz.

Repase estos conceptos acerca del perdón.

"Perdonar es girar la llave, abrir la celda y dejar salir al prisionero.

"Perdonar es escribir en grandes letras, NO SE DEBE NADA.

"Perdonar es embolsar la basura, tirarla afuera, limpiar la casa y dejarla más limpia que antes."[1]

¿CÓMO PERDONAR?

El autor y pastor Victor Parchin nos ofrece diez pasos para aprender a perdonar. [2]

Edúcate acerca del perdón. Los psicólogos nos dicen que "la ofensa no debe ser negada, justificada, ni minimizada."[3] "El acto de perdonar intercepta el espiral que se inició con la ofensa, y lo repone con un ciclo de intenciones y acciones positivas."[4]

Dedica unos momentos a diario para limpiar tus pensamientos. Si observas al jardinero dedicado a sus rosales notarás que cuando hay ciertas plagas, tiene que tomar tiempo y manualmente sacar cada insecto de la planta para que esa rosa tenga posibilidades de brotar en toda su hermosura.

¿Te ha herido alguien con sus comentarios? Toma el tiempo de quitar las capas heridas y ofendidas de tus pensamientos y tíralas a la basura, no dejes que sigan destruyendo tu potencial.

Cuando te perdonas por aquellas palabras toscas que hablaste en contra de tus hijos, el error no se convierte en un hecho positivo, más bien te sirve para no volverlo a hacer, y te lleva a buscar mejores formas de expresarte en el futuro. Pero pones "punto final," y procedes con la oportunidad de la vida sin estar revolcándote en la miseria de ese incidente.

Practica con las heridas pequeñas. Para llegar a ser experta en perdonar las injusticias grandes, empieza perdonando las heridas pequeñas. Una buena manera de empezar es perdonar de forma inmediata a los extraños que te ofenden — un dependiente grosero, un conductor que se impone, un doctor que te hace esperar, y esperar. Usa estos eventos para practicar y prepararte para situaciones más difíciles.

Reta aquellas cosas que sientes que "deben ser." El perdón es más fácil cuando abandonas aquellas creencias irracionales que dan rienda a la frustración, el enojo, y la hostilidad. La expectativa de que las personas deben actuar de la manera que tú esperas, te hará pensar: El no *debe* tratarme así; Mi hija *debe* ser ...; Recuerda que no es realista esperar que las personas siempre te muestren respeto. No olvides que, todos somos falibles; es decir, capaces de fallar.

Comprende que el resentimiento tiene un precio muy alto. Barry Lubetin, Ph.D.,[5] psicólogo y director del Instituto para la Terapia Cognitiva de Nueva York observa que "guardar rencor usa energías mentales, emocionales y físicas. Te convierte en una persona obsesiva, enojada, y deprimida."

Lubetin también dice, "Hay una conexión fuerte entre el enojo y una gama amplia de problemas de salud- problemas estomacales crónicos, problemas del corazón, y problemas de la piel. Sin lugar a duda, entre más enojo experimentemos, más alto nivel de tensión sufrimos."[6]

Cuando no perdonas, otros tienen el control sobre ti. El hecho de retener perdón y continuar alimentando el resentimiento permite que la otra persona controle nuestro bienestar. El educador Booker T. Washington vivió practicando el siguiente lema, "No permitiré que alguien menosprecie mi alma haciendo que lo odie."

Reconoce el efecto de ondulación que tiene el resentimiento. Cuando no puedes perdonar a alguien el efecto tiene un impacto negativo que alcanza a amigos y familiares.

Literalmente entierre el resentimiento. Escribe una carta a la persona que te hirió, pero no la envíes. Exprésate sin reservas, sé honesta con tus sentimientos. Anota por qué los hechos de esta persona te han enojado. Concluye con una declaración firme y fuerte de perdón. Rómpela en pedacitos y entiérrala en algún lugar en tu patio o jardín. Este es un acto poderoso que otros han encontrado útil.

Prueba el perdón instantáneo. Esta es una técnica que va totalmente en contra de nuestra naturaleza humana. No importa la magnitud de la ofensa tu puedes perdonar, y seguir en paz. Tu puedes absolver a esa persona o a ti misma. El verdadero perdón que ofreces expresa que todas las cuentas están balanceadas. La persona que te hizo daño, ya no te debe nada. El ó ella, ya no están en tu lista negra. Has dejado a un lado la idea de la venganza. Te enfrentas al futuro ofreciendo una página en limpio.

Repasa y recalca este hecho vital: "El perdón es un regalo que te das a ti misma." "Algunos judíos sobrevivientes de los campos de concentración se encontraron después de varios años. '¿Haz perdonado a los Nazis?' preguntó uno de ellos. 'Sí,' respondió el otro. 'Pues yo no. Estoy consumido con odio hacia ellos,' declaró el segundo hombre. 'En ese caso,' dijo el primer amigo en forma amable, 'Todavía te tienen en la prisión.'[7] El perdón libera." (vea Mateo 6:14,15).

La comprensión, la aceptación, y el perdón son tres términos importantes. Nadie se hace más comprensivo, más perdonador ni obtiene el espíritu de aceptación porque lee u oye que estas son características deseables.

Estas tres palabras tienen poco efecto sobre nuestra conducta, a menos que los pongamos en práctica. *Amen hay que practicar*

Para recordar:

Quien eres es realmente una expresión viva de Dios, potencialmente expresando cada cualidad de Dios.

La Biblia Dice:

"Sed benignos, compasivos unos con otros, perdonándonos unos a otros, cómo también Dios nos perdonó."

Efesios 4: 32

Para Reflexionar:

"Al tener compasión por mis errores, me comprendo y me acepto. Si me equivoco, me perdono y busco la manera de no volver a repetirlo."

CAPÍTULO 11

"Conságrate a Dios todas las mañanas; haz de esto tu primer trabajo. Sea tu oración' 'Tómame ¡oh Señor! como enteramente tuyo. Pongo todos mis planes a tus pies. Úsame hoy en tu servicio. Mora conmigo, y sea toda mi obra hecha en ti.' Este es un asunto diario. Cada mañana, conságrate a Dios por ese día. Somete todos tus planes a él, para ponerlos en práctica o abandonarlos, según te lo indicare su providencia. Podrás así poner cada día tu vida en las manos de Dios, y ella será cada vez más semejante a la de Cristo.[1]

¿En qué piensas? ¿Cuál es tu enfoque? ¿Qué pensamientos te

consumen?

Cuando escuchas a alguien que se pasa el tiempo fanfarroneando, sabes donde está su enfoque. Está enfocado en si mismo. Pero eso mismo sucede cuando constantemente estás menospreciándote y sintiéndote inferior. El enfoque está en el yo, lo cual es erróneo. Tu enfoque debe estar en Dios, en lo que El puede y desea hacer a través de ti, en lo que El es y todo lo que es para ti. En su palabra encontrarás infinidad de promesas que confirman este hecho. Al crecer en El, aprendes a enfocarte en El, y no en ti. Aprendes a reclamar esas promesas como tuyas.

Si lees Salmos 34:4 y 5, encontrarás el significado real de crecer en El: *"Busqué al Señor y El me respondió, y me libró de todos mis temores."* Esto incluye mis temores de insuficiencia, mis temores de incumplimiento, mi falta de aceptación personal, mi falta de perdón, mi falta de paciencia y comprensión, todos mis temores. Primero, lo buscamos.

"Buscad al Señor mientras puede ser hallado, llamadlo en tanto que está cerca. Deje el impío su camino, y el hombre malo sus pensamientos; y vuélvase al Señor quien de el tendrá misericordia, y a nuestro Dios, que es amplio en perdonar" (Isaías 55:6,7).

Busca a Dios en oración para lograr ser tu misma y tener éxito en la vida. Debes saber cómo orar y estar dispuesta a dar a la oración un lugar de prioridad en tu vida.

"Cada fracaso es en esencia un fracaso de oración." [2] Muchas personas no están contentas con su vida de oración, y la falta de satisfacción se debe a la omisión de confianza en si mismas y en su oración. Tus oraciones pueden ser sencillas pero con fe. Tienes que confiar que El escucha y responde. Puedes depender de Dios, al creer que El será fiel para hacer lo que le has pedido, siempre que esté de acuerdo con Su voluntad. *"De manera que podemos decir confiados: 'El Señor es mi ayudador ... '"* (Hebreos 13:6).

El te oye y te cambia. Cuando tu enfoque está en El, y no en ti no tendrás temores ni vergüenza de quien eres. No más luchas para complacer a otros, ni para recibir aprobación de otros.

Con frecuencia te complicas en tus propias oraciones. A veces puedes intentar orar tan extensamente, tan fuertemente, y tan elocuentemente que pierdes de vista el hecho que la oración es sencillamente una conversación con Dios. Lo extenso, el volumen, y la elocuencia no son de importancia. Mas bien la honradez de tu corazón y la seguridad que tienes en que Dios te escucha y te responde. Si entendiéramos la sencillez de la oración, oraríamos más, porque podríamos disfrutarla, y no sentiríamos que es trabajo o un deber.

Cuando oras, ¿crees que Dios te escucha? "Esta es la confianza que tenemos en El." *"Pedid todo lo que queráis, y os será hecho"* (Juan 15:7).

En tu casa tienes un lugar específico para cada actividad. Cocinas en la cocina, duermes en el dormitorio, lavas en la lavandería etc. ¿Dónde oras? En Hechos 1:13, 14 encuentras que los apóstoles "subieron al aposento alto" ... perseverando *"en oración y ruego."* La primera iglesia tenía un lugar para la oración frecuente e intensa. Aun Jesús dijo que tener un lugar tranquilo donde entrar y cerrar la puerta era de importancia al decir: "Mas tú, cuando oras, entra en tu cámara, y cerrada tu puerta, ora a tu Padre" (Mateo 6:6).

Ruthie Jacobson[3], autora de *Prayer: The Still Place in the Storm* nos sugiere las siguientes ventajas cuando designamos un lugar específico para orar:

- Hace posible que la oración sea intencional y con un horario definido. Si no tenemos un horario y un lugar específico para nuestra oración, no vamos a orar.

- Provee un lugar específico donde podemos tener información que nos ayuda a orar de forma más efectiva y creativa.

- Un lugar específico para la oración indica la importancia que tiene para ti la oración. Puede ser un recordatorio visible para tus hijos que alguien está dispuesto y listo para orar por la intervención de Dios.

- Provee un lugar para mantener un registro de las respuestas de Dios, para que no olvides dar gracias y alabanza por su fidelidad hacia ti. Esto te inspira y te anima a seguir orando y confiando en Dios.

- Es un lugar donde practicas y creces en tu oración. Dios te ha prometido guía e instrucción cuando llegues a él.

En *Descubramos Como Orar* Hope MacDonald[4] nos relata la siguiente experiencia:

"Algunas veces será necesario usar el ingenio, como sucedió con una amiga, madre de dos criaturas 'muy inquietas' menores de cinco años de edad. Encontrar un lugar tranquilo donde orar en su casita parecía imposible. Hizo la prueba de orar en su dormitorio con la puerta cerrada; pero esto le preocupaba y a cada rato la interrumpían.

"Una mañana encendió la televisión en que se proyectaba un interesante programa educacional para niños, y les gustó mucho. A la mañana siguiente Nancy encendió la televisión donde se exhibía el mismo programa. Se sentó con los niños y les explicó que mientras ellos miraban el programa, ella estaría en el dormitorio, con la puerta abierta, hablando con Jesús. Si la necesitaban podrían venir a buscarla. Esto parecía solucionar todo el problema y pudo disponer de media hora a solas con Dios en oración, mientras los niños miraban un buen programa.

"Un día su hijito, acompañado de un amiguito vecino, subió la escalera para atisbar por la puerta. Cuando se alejaban Nancy oyó a su hijito decir a su amiguito: '¡Mi mamá está hablando con Jesús!' Qué cosa maravillosa para este muchachito ser criado en un hogar donde han podido ver a su madre todos los días puesta de rodillas orando. Es ciertamente incalculable de cuánta inspiración y aliento será para él en los años de su adolescencia y juventud."

Los resultados de este cambio de enfoque será el cambio en percepción de la auto-estima y el crecimiento. Significará la aceptación de sí, ahora mismo, sin esperar hasta que llegues a ser la persona que deseas ser.

Significa, que ahora puedes hacer cosas que tenías temor de hacer, como iniciar una conversación con una persona completamente extraña. Te sorprenderás del crecimiento que surgirá dentro de ti. Puede ser que llegues a ser una persona paciente contigo misma, que puedas permitirte algunas equivocaciones. Tal vez llegues a ser una persona más amable en tus conversaciones internas. Puede ser que ahora te dedicarás a orar por un poco más de tiempo. Puedes llegar a ser fiel a ti misma.

Al iniciar el proceso de crecimiento, habrá momentos difíciles. A veces darás un paso hacia adelante y dos hacia atrás. Tendrás que lidiar con insuficiencias, dudas, y con el deseo constante de complacer y recibir aprobación de otros. Pero necesitas aprender nuevas formas de enfrentar a esas inseguridades.

Mientras te muevas hacia una autoestima positiva y andes en el camino donde puedes reflejar mejor la imagen de Dios, recuerda que tu autoestima está íntimamente relacionada a tu respeto propio. Tu conducta y tus actitudes toman gran importancia en el proceso de reconstrucción y mantenimiento de una autoestima positiva.

Satanás quiere que creas que Dios no está interesado en tu vida. El quiere hacerte creer que Dios está allá en su trono esperando juzgarte, y no puedes acercarte a El. Un Dios, al cual debes tenerle miedo.

Pero la realidad es que Dios mismo te ha invitado a venir *"con confianza al trono de nuestro Dios amoroso, para que el tenga misericordia de nosotros y en su bondad nos ayude en la hora de necesidad"* (Hebreos 4:16). Con Jesús como tu mediador puedes presentarte a Dios.

Muchas veces tu actitud hacia tu Padre celestial refleja tu actitud hacia tu padre terrenal. Eso es parte del plan de Satanás. El hará cualquier cosa para evitar que conozcas a Dios como un Padre amoroso y fiel. Alguien que sí está interesado en todas las áreas de tu vida. Alguien que sí tiene tiempo para escucharte, y alguien en quien puedes confiar totalmente.

Al poner en práctica la fragancia de la oración diaria, ésta inundará tu vida, y se esparcirá a todos en tu derredor. Tus "oraciones suben como precioso incienso ante el trono de la gracia. Satanás no puede vencer a aquel cuyo corazón está así apoyado en Dios."[5]

La Oración es ^6

... un diálogo amoroso entre el alma y Dios.

—John Richard Moreland

... abrir nuestros corazones a Dios para que el pueda abrirnos a otros.

—Lois Evely

... la posibilidad de afectar todo lo que nos afecta.

— E.M. Bounds

... ponernos en las manos de Dios.

— Madre Teresa

... llave de la mañana y la cerradura de la noche.

— Autor Desconocido

... el enlace que nos conecta con Dios. Es el puente sobre cada golfo y nos lleva

sobre el peligro a la orilla segura.

—A. B. Simpson

... la avenida principal que Dios usa para transformarnos.

—Richard Foster

Para recordar:

Enfoca tu vida en Dios. Haz tu petición a El, pues es el único que oye y responde a tus plegarias.

La Biblia dice:

¡Espera en el Señor! ¡Esfuérzate, y aliéntese tu corazón!

¡Espera en el Señor!

Salmos 27:14

Para Reflexionar:

Dios ha hecho todo lo posible para que me pueda acercar a El. ¿Puedo tomar tiempo todos los días para conversar con El y llenar mi mente de Su Palabra?"

CAPÍTULO 12

"Escudriñad las Escrituras ... . Ellas son las que dan testimonio de mi."

Juan 5:39

¿Conoces a Dios? ¿Deseas conocerle aún más?

Cuando logras conocer a tu Padre Celestial, puedes aprender a confiar totalmente en El. Sabrás que Dios está contigo, no importa lo difícil que sea la situación en que estás, y estáras segura de que las decisiones que Dios hace son solamente para tu bienestar.

Pero ¿cómo llegas a conocer a Dios de esta manera? ¿Cómo aprenderás a conocerlo de tal forma que llegues a confiar que Dios te ha creado? ¿Y que te ha creado exactamente como El quiere que seas, aun con tus faltas? La respuesta es una que todas conocen. La respuesta es tan obvia, que la dejas a un lado para tratar de contestarla de una forma más científica o una forma más filosófica. Llegamos a conocer a Dios, pasando tiempo con El.

¿Cúales son los pasos necesarios para llegar a conocer a una amiga? Para llegar a conocerla tienes que comunicarte con ella. Para comunicarte con ella, es necesario tomar tiempo. ¿Tiempo? ¡nadie tiene tiempo!

Todas tenemos la misma cantidad de tiempo en un día. Cuando estás pasando tiempo con tu amiga o tus familiares nunca mides el tiempo, porque te encanta estar con ellos, te sientes a gusto entre ellos, estás en confianza, y ¿qué pasa con el tiempo? ¡Vuela! No cuentas ese tiempo como pérdida, lo cuentas como tiempo bien aprovechado.

"Si no podemos pasar tiempo con Dios, realmente no tenemos tiempo para vivir."[1] Al igual que el jardinero pasa tiempo en el jardín, alimentando y cuidando sus preciosas plantas. Tu necesitas pasar tiempo con el Jardinero Celestial para que lo conozcas y crezcas para desarrollarte en esa flor de Dios que produce una fragancia exquisita.

Sabes que debes pasar tiempo con El, pero hay tantas otras cosas que hacer. Cosas urgentes. Cosas importantes. Dedicar tiempo a Dios es importante para ti, pero por lo general, es precisamente lo que eliminas cuando tienes un día muy lleno de actividades.

Vez tras vez notas que si tienes tiempo para aquellas cosas que consideras importantes. Así que es necesario que ordenes tus prioridades y pongas como número uno en esa lista, tomar tiempo para conocer a Dios.

Esta pequeña alegoría acerca de la falta de tiempo para la oración que hace ya varios años circula por la red electrónica te puede ayudar a poner esto en la perspectiva correcta, y dice:

"Me arrodillé para orar, pero no por mucho tiempo, tenía mucho que hacer. Debería apurarme e ir a trabajar por las obligaciones que tenía que cumplir. Mi alma estaba en paz. A través del día, no tuve tiempo para decir una palabra de aliento, no tuve tiempo para hablar de EL a un amigo. Temía que se rieran de mi. No tengo tiempo, no tengo tiempo, hay mucho que hacer. Esa era mi constante queja: no tengo tiempo para dar a aquellos en necesidad. Finalmente llegó el tiempo de morir. Cuando estuve frente al SEÑOR, me presenté con ojos entrecerrados. En sus manos sostenía un LIBRO y dijo: NO puedo encontrar tu nombre. Una vez lo iba a escribir ¡pero nunca encontré el tiempo."[2]

Cuando deseas conocer a Dios, tienes que pasar tiempo estudiando, para realmente entender lo que sus palabras significan. Y esto lleva tiempo. Se recuerda a los Beréanos como personas que *"fueron más nobles que los de Tesalónica, pues recibieron la Palabra de todo corazón, y examinaban cada día las Escrituras ..."* (Hechos 17:11).

"Un tiempo a solas. Debemos estudiar la Palabra de Dios y orar nosotros solos. Solo así se convertirá el culto familiar y público en algo de valor. Fuera de la vida devocional privada de cada individuo, el culto público es sencillamente una forma de rutina. Es cuando nos relacionamos con Dios personalmente que llegamos a conocerle por nosotros mismos."³ Escuchas comentarios de algunas personas que dicen pasar una hora cada mañana con Dios, y piensas "¿Qué harán durante toda una hora? ¿Y tú? ¿Cómo pasas ese tiempo, lo pasas en adoración y comunión verdadera? O solamente estás cumpliendo con tiempo? ¿Cumpliendo con algo que debes hacer? ¿Por qué estás pasando tiempo con El? ¿Por qué *no* estás pasando tiempo con El?

Harry A. Ironside fue uno de los más amados y eficaces maestros bíblicos de principios del Siglo XX. Según un amigo cercano, Ironside dedicaba la primera hora de cada día al estudio bíblico y a la oración. Era su "vigilia matutina," como la llamaba él, y parte necesaria de cada día.

En una ocasión, cuando Ironside estaba dando una charla en un seminario, un estudiante se le acercó y dijo: " 'Dr. Ironside, tengo entendido que usted se levanta temprano todas las mañanas a leer y estudiar su Biblia.'

'Oh, lo he estado haciendo desde que me hice cristiano,' contestó.

'Bueno, y ¿cómo lo hace?' preguntó el estudiante. 'Me levanto,' dijo Ironside. Ironside sabía que su vida espiritual dependía del tiempo regular que pasaba con la Palabra de Dios. No tenía que preguntarle a Dios si debía hacerlo, ni pedirle que le diera el deseo de hacerlo. Lo consideraba una disciplina absolutamente necesaria para el desarrollo de su vida espiritual y su influencia en los demás. No podía vivir sin ello." ⁴

El salmista David declaró, *"Tu palabra es una lámpara a mis pies y una luz en mi camino"* (Salmo 119:105). ¿Te das cuenta de cuánto necesitas la luz de la Palabra de Dios cada día? ¿Estás cultivando el hábito de leerla con regularidad?

Dios desea que ese tiempo sea tanto más que otra actividad de tu día. El añora que ese tiempo sea uno de adoración y comunión con El. Tiempo entre amigos; tiempo para enseñarte; tiempo para escucharte; tiempo para que el Padre comparta su amor y su misericordia contigo.

Comienza a desarrollar tu amistad con El, siguiendo estos pasos:

• **Confiando en Dios**. Salmos 37:5 nos dice: *"Encomienda al Señor tu camino, confía en él, y él obrará*. Confía en Dios. El hará solamente lo mejor."

• **Recordando el valor que tú tienes ante los ojos de Dios**. Dios pagó un precio increíble por ti. Y el quiere que te estimes a través de ese precio, a través del valor que la sangre de Cristo te ha dado.

• **Enfocando el estudio de su Palabra en aquellas partes que enfatizan el amor de Dios para ti**. La Biblia está llena de mensajes del amor de Dios, y de mensajes de esperanza. "Llena tu corazón con las palabras de Dios. Son el agua viva que apaga la sed. Son el pan vivo que descendió del cielo. Nuestros cuerpos viven de lo que comemos y bebemos; y lo que sucede en la vida natural sucede en la espiritual: lo que meditamos es lo que da tono y vigor a nuestra naturaleza espiritual."[5]

• **Aceptando que tu enfoque ha estado equivocado y que debes**

mantenerlo en Dios. Mira más allá de ti y medita en Dios, en todo lo que él desea hacer para ti, y en todo que ya está haciendo para ti. Mantén el enfoque en El, en su suficiencia.

- **Orando y entregando tus sentimientos a Dios.** "Es necesario ser diligente en la oración; ninguna cosa lo impida. Haz cuanto puedas para que haya una comunión continua entre el Señor Jesús y tu alma."[6]

- **Dile cómo te sientes.** Se honesta. El no puede traer sanidad a tus sentimientos si no se los entregas. No tienes que taparlos con excusas para que se vean más aceptables. Dios realmente sabe todos los detalles.

Como cristiana tienes una base segura para tu autoestima ya que estás consciente de que has sido escogida por Dios. El te cuida y te ama sin reserva. Recibes guía y apoyo del Espíritu Santo para vivir la vida en su plenitud y desarrollarte según sus planes.

Llenando tu mente con *"todo lo que es verdadero, todo lo justo, todo lo puro, todo lo amable, todo lo que es de buen nombre,..."* (Filipenses 4:8)

Busca la presencia de Dios en todo lo que te rodea. Recuerda que lo único que tienes que controlar son tus pensamientos, y nunca olvides que la historia de tu vida es fundamentalmente la expresión de tu creencia en Dios. Ofrece a Dios toda la honra y la gloria por tus logros, no importa cuán pequeños sean.

Al seguir en este camino hacia el desarrollo de una autoestima positiva, recuerda que para sentirte bien contigo misma, tienes que confiar en quien te creó. Solamente por medio de la confianza en El, tu creencia en su Palabra, tu dependencia en El, puedes tener la autoestima positiva que refleja su imagen.

Para lograr el amor propio correcto, tienes que amarte en Dios. Necesitas tener las raíces de tu autoestima arraigadas en las Sagradas Escrituras. Usarás las espinas de tu vida como peldaños de progreso en tu preparación para brotar en esa flor de Dios y esparcir su fragancia en forma constante. Tienes que respetarte como parte de la creación de Dios, y amarte como si realmente El es tu Jardinero y Padre Celestial.

En vista de la herencia gloriosa que es tuya, reconocerás que los cambios que surgen no son por tus esfuerzos. El puede cambiar tu pensamiento. El puede cambiar tu concepto personal. Y entonces podrás lograr una autoestima positiva y tomar tu lugar en el Jardín de Dios.

Para recordar:

Es importante que dedique tiempo a Dios para llegar a conocerle.

La Biblia dice:

"Tu promesa es más dulce a mi paladar que la miel a mi boca. De tus preceptos he sacado entendimiento... Tu palabra es una lámpara a mis pies y una luz en mi camino."

Salmo 119:103-105

Para Reflexionar:

Mi autoestima viene de la creencia de que fui hecha a la imagen del Creador. ¡El me creó para triunfar, no para fracasar!

Capítulo 10
1. www.fortunecity.es/losqueamamos/plomero/88
2. Victor Parachin, *How to Forgive*.(Message Magazine. MD: Review and Herald Pub. 1999).
3. Robert Entright, Ph.D . *Psicología Educativa*-(Universidad de Wisconsin en Madison).
4. McCullogh, M. E., et al. *Interpersonal forgiving in close relationships*. (Journal of Personality and Social Psychology, p. 73 1997)
5. Victor Parachin, *How to Forgive*.(Message Magazine. MD: Review and Herald Pub. 1999).
6. Ibid.

Capítulo 11
1. Elena White, *Felicidad Abundante,* (Idaho: Pacific Press Publishing Association, 1997).
2. Joyce Meyer, *Como tener Éxito en Aceptarte a Ti mismo*, (Florida, Editorial Carisma, 1999).
3. Ruthie Jacobson, *Prayer- the still place in the storm,* (Idaho: Pacific Press Pub. 2000)
4. Hope MacDonald, *Descubramos Como Orar,* (Texas: Casa Bautista de Publicaciones,1987).
5. Elena White, *Felicidad Abundante,* (Idaho: Pacific Press Publishing Association, 1997)
6. www.liftupusa.com/pquotes.htm

Capítulo 12
1. Morris Venden, *Como Conocer a Dios* ,(Florida: Asociación Publicadora Interamericana, 1986)
2. email
3. Morris Venden, *Como Conocer a Dios* ,(Florida: Asociación Publicadora Interamericana, 1986).
4. Kurt De Kaan, Ed. *Nuestro Pan Diario* (Michigan: RBC Ministries, 2002)
5. Elena White, *Felicidad Abundante,* (Idaho: Pacific Press Publishing Association, 1997).
6. Ibid.

Guía Para
Grupos Pequeños de Estudio:

FLORES DE DIOS

El grupo pequeño de estudio está formado por personas que se reunen una vez al mes para compartir una actividad espiritual. Desde la concepción de este libro se formó un grupo que hoy en día continúa como el primer club *Flores de Dios*. Basado en la amistad y el deseo de ayudarse mutuamente, cada individuo del grupo es una parte activa y nadie domina la reunión. El grupo brinda confianza a través de la confidencialidad de lo que se comparte durante ese rato ameno.

Tu puedes crear un grupo al invitar a cinco personas conocidas, presentándoles la idea, y juntas formular un horario apropiado para todas. Repártanse las responsabilidades y alguien deberá encargarse de recordar a todas de la futura cita. El lugar de la reunión puede ser en sus propias casas, en un jardín, restaurante o a orillas del mar. La hora del día está a la discreción del grupo, pero recomiendo que la duración no sea más de 90 minutos. El refrigerio podrá determinarse según el tema y se espera que sea algo simple pero a la vez exquisito, delicado e interesante. No hay mucho que planear ni cocinar, pues el objetivo de la reunión no es la comida, sino la amistad.

A continuación encontrarás sugerencias para cada sección del libro.

Raices

*(Siga este ejemplo para planear la reunión
de cada capítulo de esta sección)*

Capítulo 1

Lugar y hora de reunión: Casa de la Anfitriona, 7:15 pm

Persona que dará el tema y discusión: Anfitriona

Decoración: Se puede decorar la mesa creativamente con zanahorias y papas, las cuales son raíces.

Refrigerio (puede incluir):

*   Ensalada de Papas (una raíz) o
*   Yuca frita (una raíz) o
*   Refresco de Zarzaparrilla (Root Beer)

Inicio (10 minutos): Recuerde iniciar y terminar la reunión con una oración. Al llegar las personas al lugar de reunión pueden comer y saludarse. Si alguien llega después de la hora asignada podrá comer mientras transcurra la reunión. Es importante que la reunión inicie a tiempo.

Actividad (5 minutos): Distribuya tarjetas/papelitos en blanco. Pida a las presentes que anoten nombres de raíces comestibles. Tendrán tres minutos para esto y luego pida que cada una lea su lista y tache todas las que otras han mencionado de su lista. La persona premiada será la que tenga menos cantidad de raíces sin tachar, y recibirá una raíz comestible decorada. Por ejemplo: una yuca vestida de cocinera.

Introducción al Tema (2 minutos): Ina M. Pryce cuenta lo siguiente: "Sucede algo especial en mí cuando estoy en mi jardín. Me sobreviene un sentido de paz y tranquilidad, algo que me lleva de nuevo a la sencillez de la vida. Será el hecho de jugar con tierra o la sencillez de la actividad o puede ser la actividad física que me ayuda a relajarme.

"El hecho de tener que esperar para que una semilla germine me recuerda que las cosas llevan tiempo. No todo es instantáneo. Hay algunas cosas que requieren tiempo para desarrollarse. Lo agradable es que la jardinería me proporciona una zona de seguridad donde puedo tomar tiempo para obtener una nueva perspectiva de las otras actividades en que estoy envuelta. Esta actividad me pone los pies firmemente en tierra, y los problemas de ayer empiezan a tener solución. Las situaciones que parecían imposibles y demasiado complicadas parecen ser más sencillas a la luz de un nuevo día."

Preguntas de Discusión (20 minutos):

1. ¿Por qué será tan difícil esperar que una semilla germine?

2. ¿Qué ocurre cuando andamos en apuros, y no cimentamos raíces fuertes?

3. Seleccione versículos del Salmo 118. ¿Qué dice David en cuanto a esperar?

Aplicación Personal: Pida al grupo que discuta las distintas maneras que podrán aplicar este capítulo a sus vidas.

¡Planeen la próxima reunión antes de despedirse!

ESPINAS

*(Siga este ejemplo para planear la reunión
de cada capítulo de esta sección)*

Capítulo 4

Lugar y hora de reunión: En un jardín a la hora del desayuno

Persona que dará el tema y discusión: _____

Decoración: Se puede decorar la mesa con distintos tipos de cactus y nopales.

Refrigerio (puede incluir):

- Refresco de cáscara de piña

Inicio (10 minutos): Recuerde iniciar y terminar la reunión con una oración. Al llegar las personas al lugar de reunión pueden comer y saludarse. Si alguien llega después de la hora asignada podrá comer mientras transcurra la reunión. Es importante que la reunión inicie a tiempo.

Actividad (5 minutos): Cada persona deberá traer un tallo de rosa e irle sacando espinas y verbalizar como Dios ha llegado a ayudarle a superar algo específico en su vida, aunque haya sido algo que ha causado heridas en el pasado.

Introducción al Tema (2 minutos): Si alguna vez haz trabajado con rosas, ya sea sembrando en el jardín, cosechando o cuidando de ellas, estoy segura que has tenido la experiencia de un encuentro desagradable con las espinas. Nuestra vida es como un rosal. Hemos desarrollado algunas espinas como protección contra las vicisitudes de la vida. La psicología lo llama "mecanismos de defensas." Son defensas que todas utilizamos para protegernos de los sinsabores que nos ofrece la vida. Estas espinas o mecanismos de defensa no solamente hieren a las personas a nuestro entorno, pero nos hieren a nosotras también. Estas espinas no dejan que nuestro desarrollo sea positivo. Nos atrapan y estancan el crecimiento personal.

La falta de una autoestima positiva es una espina que tiene efectos peligrosos y dañinos. Al aferrarnos a ella como protección, negamos a Dios, despreciamos su amor y menospreciamos el sacrificio de su hijo Jesús.

Preguntas de Discusión (20 minutos):

1. ¿Qué es realmente una espina en tu vida?

2. ¿Cómo influye esta espina en tu autoestima?

3. ¿Qué significado tiene el hecho de que coronaron a Jesús con una corona de espinas? (Mateo 27:29)

Aplicación Personal: Pida al grupo que discuta las distintas maneras que podrán aplicar este capítulo a sus vidas.

¡Planeen la próxima reunión antes de despedirse!

CAPULLOS

*(Siga este ejemplo para planear la reunión
de cada capítulo de esta sección)*

Capítulo 7

Lugar y hora de reunión: Junto a un río u otro lugar tranquilo, 3:00 p.m.

Persona que dará el tema y discusión: _____

Decoración: Se puede decorar la mesa con flores naturales aun en capullo o botones.

Refrigerio (puede incluir):

* Ensalada de hojas verdes adornadas con pétalos de rosas y otras flores comestibles.
* Galletitas en forma de flores.

Inicio (10 minutos): Recuerde iniciar y terminar la reunión con una oración. Al llegar las personas al lugar de reunión pueden comer y saludarse. Si alguien llega después de la hora asignada podrá comer mientras transcurra la reunión. Es importante que la reunión inicie a tiempo.

Actividad (5 minutos): Caminar y observar la naturaleza en silencio. Luego hacer comentarios sobre el efecto de la naturaleza sobre cada una. ¿Qué efecto tuvo sobre tu estado de ánimo?

Introducción al Tema (2 minutos): Por lo menos seis veces a la semana un grupo de documentos capta nuestra atención. La mayoría de las veces lo que trae el correo son papeles sin mucha importancia, anuncios, ventas, pedidos de donaciones, las cuentas por pagar. Pocas veces tenemos el gusto de recibir una carta de un viejo amigo, de un familiar con noticias agradables. Aún siendo tan pocas veces, siempre nos da mucho gusto leer la correspondencia, pues queremos mantenernos en contacto con esas personas.

Tenemos la dicha de haber recibido una carta de alguien que quiere mantenerse en comunicación con nosotros, alguien que desea enseñarnos el camino correcto, alguien que por medio de su carta nos confirma que siempre está pendiente de nuestro bienestar. Si prestamos atención, está prometido que estas palabras escritas tienen el poder de elevar a los humanos de las más bajas profundidades de la degradación hasta llegar a ser hijos de Dios, compañeros de los ángeles sin pecado.

Francisco Estrello[1] lo ha descrito de esta manera: "Trazo de luz gigante; trazo eterno; trazo de mano firme y amorosa; trazo con signos de cielo, eso es, Señor tu Palabra radiante."[1]

Hemos tomado varios minutos para apreciar el efecto que tiene la naturaleza sobre nuestro estado anímico. Tomemos varios minutos más para reflexionar sobre el efecto sobre nuestro estado emocional y espiritual la actividad del estudio de la palabra de Dios.

Preguntas de Discusión (20 minutos):

1. ¿Crees que perteneces a Dios? ¿por qué? ¿Basado en qué?

2. ¿Cómo te ha afectado el sentido de pertenencia en el pasado?

3. ¿Qué cambios debes hacer en tu sentido de pertenencia para que refleje más de cerca la realidad escrita en la Palabra de Dios?

Aplicación Personal: Pida al grupo que discuta las distintas maneras que podrán aplicar este capítulo a sus vidas.

¡Planeen la próxima reunión antes de despedirse!

FRAGANCIA

*(Siga este ejemplo para planear la reunión
de cada capítulo de esta sección)*

Capítulo 10

Lugar y hora de reunión: Una sala exquisitamente decorada con fragancias y flores, al atardecer.

Persona que dará el tema y discusión: _____

Decoración: Se puede decorar la mesa con un bello arreglo de claveles.

Refrigerio (puede incluir):

* Frutas en forma de flores de colores variados
* Refresco de Flor de Jamaica

Inicio (10 minutos): Al llegar las personas al lugar de reunión pueden comer y saludarse. Si alguien llega después de la hora asignada podrá comer mientras transcurra la reunión. Es importante que la reunión inicie a tiempo.

Actividad (5 minutos): Tenga cinco frascos de distintas fragancias florales. Las invitadas deben tratar de adivinar de qué flor es la fragancia y describir cuál sería el uso más apropiado para cada una.

Introducción al Tema (2 minutos): Las fragancias tuvieron y todavía tienen un efecto agradable sobre nuestros sentidos.

Sabe Ud cuantas flores se necesitan para producir una gota de esencia de rosas? 30 flores. ¿Cuantas flores habrían recolectado para preparar las fragancias usadas en los preparativos para bodas, o usos religiosos en tiempos de Asuero y Ester?

Los preparativos para el matrimonio de Ester eran extensos. "Antes de ir al rey Asuero, cada joven seguía un tratamiento de belleza durante doce meses. Seis meses con óleo de mirra, y seis meses con perfumes y cremas femeninas. Y eso era para encontrarse con un rey terrenal, tal vez un rey borracho. Calificado por Brestin en su libro *El recorrido de una mujer a través de Ester*[2] como "el playboy del mundo persa." Un hombre que había montado un despliegue ostentoso de su riqueza. Un rey que se le podía convencer fácilmente para decretar leyes desastrosas para los extranjeros que habitaban su país. ¿Cuánto mas debes prepararte para encontrarte con el Rey de reyes y Señor de señores?

Ten presente los efectos que tiene la fragancia que emana de tus palabras, tus acciones y tus pensamientos.

Preguntas de Discusión (20 minutos):

1. ¿Cuánto tiempo hemos de prepararnos para presentarnos ante nuestro Jardinero Celestial?

2. ¿Qué óleos y perfumes aromáticos usaremos para que nuestra fragancia sea agradable a El?

3. ¿Qué comparaciones espirituales duraderas podemos anotar entre estos dos reyes?

Aplicación Personal (15 minutos): Pida al grupo que discuta las distintas maneras que podrán aplicar este capítulo a sus vidas.

¡Planeen la próxima reunión antes de despedirse!

<u>Notas</u>

1. Dora Drachenberg. *Recopilación de Prosa y Poesías Clasificadas.* (Alajuela, Costa Rica, 1976).

2. Dee Brestin. *El recorrido de una mujer a través de ESTER.* (Editorial Caribe.Una división de Thomas Nelson. Miami, Florida, 1998).

PLAN DE ESTUDIO PERSONAL

Este plan fue creado con el propósito de proveer un estudio bíblico más profundo del tema de la autoestima y la Biblia.

Necesitarás tu Biblia, un cuaderno donde contestar las preguntas y lápiz.

Aquí encontrarás una guía para cada capítulo del libro y deseo que te proporcione un entendimiento más exclusivo del lugar que Dios tiene para ti.

Capítulo 1

Lee el capítulo 1 de este libro.

"Cada una de nosotras carga una fotografía mental de sí misma en las páginas del pensamiento. Hay mujeres que llevan un retrato de sí mismas que es agradable, pero muchas no se atreverían a compartir su retrato con sus amistades más cercanas."

    1. ¿Cómo es tu fotografía mental? ¿Es una fotografía placentera o una que causa vergüenza? ¿Por qué?

    2. ¿Quisieras cambiar tu fotografía mental? ¿Por qué?

"Existen estudios e investigaciones de la personalidad que junto con las Sagradas Escrituras nos advierten que aunque tengamos cierta reputación y fama en nuestra comunidad, nuestra verdadera personalidad es aquella que actúa con nuestra imagen mental."

    1. ¿Cómo actúas ante tus amigas, ante tu jefe de trabajo? ¿Cómo actúas al llegar a casa, frente a tu familia?

    2. ¿Hay alguna diferencia en el trato? ¿Por qué?

Lea Génesis 1:26. ¿Cuál debería ser tu fotografía mental? ¿Qué posición te ha dado Dios en este mundo?

Lea Salmo 8:3-9. De acuerdo con este pasaje bíblico, ¿Qué piensa Dios de ti?

Para Recordar:
Mi valor y mi estima propia deben tener su raíz en
Dios y en Su palabra.

Capítulo 2

Lee el capítulo 2 de este libro.

"La evaluación que cada mujer hace de su vida es extremadamente importante. Esta evaluación afecta su manera de pensar, sus sentimientos y sus enfrentamientos diarios."

1. ¿Has tomado el tiempo para evaluar tu vida? ¿Estás viviendo una mentira? ¿Llevas una máscara puesta?

2. Al evaluar tu vida, ¿te gusta la conclusión a la que has llegado? ¿Cómo se compara tu evaluación con el concepto que tiene Dios de ti?

Las tácticas que utilizamos para evaluar nuestras vidas no siempre son las correctas. Las preguntas que nos hacemos pueden ser las equivocadas, que finalmente nos lleven a vivir un mundo de mentira."

1. ¿Sobre que base evalúas tu vida?

2. ¿ Te has encontrado perdiendo el sueño reparador, rumiando pensamientos como estos? "Hoy mi amiga estuvo demasiada amable conmigo, ¡Ya le habrá contado a todo el mundo aquello que pasó entre nosotras cuando éramos jovencitas! ¡Qué tonta soy! ¿Qué más se puede esperar de alguién como yo?"

3. Escribe tres frases positivas que puedas repetir cuando te agobien pensamientos negativos.

Para Recordar:
La evaluación de sí misma afecta nuestra manera de pensar,
nuestra manera de sentir y como
enfrentamos la vida.

Capítulo 3

Lee el capítulo 3 de este libro.

Jesús y los autores de la Biblia enseñan que el amor propio es una experiencia normal.

Lee Levítico 19:18.

1. ¿Cuando tu amiga está triste, qué haces para contentarla?

2. ¿Haces lo mismo cuando tú estás triste? ¿por qué?

"Las personas compran los últimos modelos de todo ; carros, ropa, y enseres domésticos, para así comprar un sentido superficial de valor propio. Compran para comprobar que pueden comprar lo mejor; y si no pueden, sienten que han perdido "status social," un requisito muy importante cuando las cosas tienen más valor que las personas.

1. Piensa en las cosas que has comprado para sentirte bien. ¿por cuanto tiempo duró esa sensación de bienestar?

2. ¿Qué puedes hacer para entender que tu valor no viene de cosas materiales?

3. ¿Podrías ser feliz sin tener la oportunidad de comprar esas "cositas" que tanto crees que necesitas?

Lee Mateo 6:19-21

1. Escribe una oración pidiendo a Dios que te ayude a poner tu tesoro en el cielo.

Para Recordar:

Nuestra sociedad niega a Dios, y rechaza los principios bíblicos. Nuestra sociedad devalúa a las personas. Nuestra sociedad sobre-evalúa las cosas.

Capítulo 4

Lee el capítulo 4 de este libro.

"Los seres humanos tienen la capacidad de revivir cada memoria en su computadora mental."

1. ¿Qué incidentes de tu pasado han creado espinas en tu vida?¿por qué?

2.¿Puedes usar esta espina para bien? ¿por qué sí o no?

"Si la planta tiene enemigos pequeños y muchos, habrá más cantidad de espinas y una distribución más compacta en su corteza."

1. Menciona por lo menos tres espinas que has desarrollado en tu vida.

2.¿Cuál de éstas espinas es imposible que Dios utilice o cambie? ¿por qué?

"Tenemos que darnos cuenta que el Espíritu Santo no nos fue dado para causar molestia. Más bien, pon en acción tu conciencia trayendo a la mente un principio de advertencia de la Palabra de Dios. Esto es el amor y la sabiduría de Dios en acción. No creas que puedes olvidar y arreglártelas sola. Apóyate en El."

La Biblia dice:
"No os acordéis de las cosas pasadas,
ni recordéis las cosas antiguas."
Isaías 43:18

Capítulo 5

Lee el capítulo 5 de este libro.

"Tus creencias básicas son importantes". Las creencias negativas formulan las reglas que usas a diario. Si tu grabación mental dice "soy una tonta", "no puedo manejar un carro por mi incompetencia", "no debo dar mi opinión porque no tengo importancia", estás creando un monólogo interno que forma tus creencias básicas.

1. ¿Cuáles son tus creencias básicas?

2. ¿Qué mensajes te ha estado dando tu grabación mental?

"Uno de los efectos más intensos de la autoestima baja puede ser observado en la actitud que el individuo desarrolla frente a su mundo. Las personas con una autoestima negativa tienen una perspectiva pesimista y temerosa del mundo y dudan de su habilidad en lidiar con los desafíos que enfrentan."

1. ¿Cómo ha afectado tu auto imagen tu perspectiva del mundo?

2. Evalúa tus temores. ¿En qué están basados?

Lee Romanos 8: 15-16 ¿A quién perteneces?

Para Recordar:
Los errores del pasado no definen quien soy.

Capítulo 6

Lee el capítulo 6 de este libro.

Frecuentemente caemos en la trampa de la comparación con otras personas. Sin embargo, hay que tener presente que podemos aprender de otros en vez de usar sus méritos como medidas de nuestras faltas, podemos adquirir aquellas características que admiramos."

1. ¿En qué forma te comparas con otras personas?

2. ¿Después de hacer esta comparación, ¿te sientes mejor o peor?

"Dios te ama aun sin esa característica que deseas tener. "

1. ¿Qué características tienes que quisieras cambiar?

2. ¿Con cuál desearías substituirla? Anote 3

Lee Gálatas 2:2, ¿cuál debe ser tu vestimenta?

La Biblia dice:

*"Cuida tu mente más que nada en el mundo, porque
ella es fuente de vida."*

Proverbios 4:23

Capítulo 7

Lee el capítulo 7 de este libro.

Los capullos son representación de esperanzas de algo bello en el futuro. Cuando observamos los capullos de una flor sabemos que dentro de poco tiempo habrá algo bello que observar."

1. En tu vida, ¿qué capullo está por abrirse?

"Solo Dios puede darnos ese amor incondicional que tanto necesitamos. No por lo que decimos o hacemos, sino por lo que El ha hecho por nosotras."

1. ¿Qué aspectos de tu vida están basados en amor condicional?

2. ¿Qué mensajes has recibido de otras personas? ¿Cómo vas a lograr hacer una decisión consciente de aceptar o negar las sugerencias negativas?

La Biblia dice:
"Porque tal como piensa … así es el."
Proverbios 23:7

Capítulo 8

Lee el capítulo 8 de este libro.

"Tu valor no viene del trabajo." Es interesante notar que si valoramos nuestro trabajo más de lo que valoramos a Cristo, esto es lo que se convierte en nuestra fuente de valor. Si el valor de nuestra existencia viene de nuestro trabajo, cuando llegue el día que no lo podamos hacer, nuestra fuente de valor se derrumbará."

1. ¿Cómo te ha influenciado tu carrera/trabajo?

2. ¿Eres culpable de juzgar a otros por su carrera/trabajo?

"Las mujeres tienden a escoger diversas formas de lograr este sentido de mérito. Muchas escogen el "amor" para hacerlas sentir que tienen valor.

1. ¿Qué formas de lograr el sentido de mérito has utilizado en el pasado?

2. Escribe una oración pidiendo a Dios que cambie tu manera de pensar.

La Biblia dice:

"Miren cuánto nos ama Dios el Padre, que se nos puede llamar hijos de Dios, y lo somos."
1 Juan 4:11

"Yo te he amado con amor eterno; por eso te sigo tratando con bondad."
Jeremías 31:3

Capítulo 9

Lee el capítulo 9 de este libro.

"La actitud de los padres es sumamente importante en este desarrollo. Al permitir que sus hijos experimenten nuevas tareas con dificultades crecientes, comunican a sus hijos que ellos creen que pueden. Cuando los hijos no tienen estas oportunidades para tomar algunos riesgos pequeños, probar nuevas actividades y explorar nuevas ideas, reciben el mensaje sutil, "no tienes capacidad para hacerlo, no confío en tus capacidades, no sabes resolver situaciones problemáticas."

1. Piensa en tu niñez. ¿Cómo influyó la actitud de tus padres?

2. ¿Que oportunidades para tomar riesgos tuviste en tu niñez?

"Nadie sabe lo que realmente puede hacer hasta que intenta hacerlo. Dios tiene un camino para ti por el cual te acompañará mientras realizas los deseos de tu corazón. El no permitirá que sueñes para dejarte frustrada. Debes mantener la confianza hasta el final y no rendirte cuando la montaña parece demasiado grande."

1. ¿Cómo puedes utilizar los momentos positivos de tu vida para motivarte y animarte en otros proyectos?

2. ¿Qué pensamientos negativos te están impidiendo triunfar?

Lee Filipenses 4:13 y Colosenses 3:2.

1. ¿Como te ayudarán estos versículos a tener persamientos positivos.

Para Recordar:
Nuestra suficiencia viene de Dios.

Capítulo 10

Lee el capítulo 10 de este libro.

"Para desarrollar una mente llena de compasión, necesitas proponerte una nueva forma de pensar. Esta nueva forma de pensar requiere que suspendas el juicio por algunos momentos. Cuando enfrentas una situación que tradicionalmente evalúas como negativa (soy tonta, incompetente) puedes usar una serie de pensamientos llamados respuestas de compasión."

Una respuesta de compasión se inicia con tres preguntas que tienen como finalidad, promover la comprensión de una conducta problemática.

1. ¿Qué necesidad estuve tratando de suplir con esa conducta?

2. ¿Qué creencias influenciaron esa conducta?

3. ¿Qué dolor, herida o sentimiento influenció esa conducta?

Seguidamente hay tres afirmaciones, para recordarte que puedes aceptarte sin culpa y sin enjuiciarte, no importa cuan desafortunada ha sido tu conducta o las decisiones que has tomado.

1. Ojalá _____no hubiera sucedido, era un intento de mi parte para suplir una necesidad.

2. Puedo aceptarme sin juzgarme y sin sentimientos de culpa por este intento.

3. No importa cuan desafortunada ha sido mi reacción, acepto el hecho que todavía estoy en formación. Dios todavía esta trabajando conmigo.

Finalmente, hay dos afirmaciones que sugieren que podemos empezar con borrón y cuenta nueva. Este es el momento de implementar el perdón y el olvido.

1. Ya pasó, puedo dejarlo a un lado.
2. Nadie me debe nada por este error.

Trata de memorizar esta secuencia. Haz un compromiso para usar estos pasos cuando notas que te estás juzgando. Modifícalo, si deseas, para que el lenguaje y las sugerencias sean tuyas. Pero asegura de mantener la compasión, la aceptación y el perdón presentes en tu respuesta.

Para Recordar:

Quien eres es realmente una expresión de Dios, potencialmente expresando cada cualidad de Dios.

Capítulo 11

Lee el capítulo 11 de este libro.

1. ¿Qué es lo que necesitas para triunfar en tu vida cotidiana y tu vida espiritual? (Zacarías 4:6)

2. ¿De quién es la voz que te dice que tu vida debe cambiar? ¿Quién te ayudará en ese cambio? (Filipenses 1:6)

3. ¿Qué debes hacer con las espinas y pecados que te agobian? (1 Pedro 5:7)

4. ¿Cuáles son las cosas por las que debo preocuparme? ¿A quién le debo pedir ayuda? (Filipenses 4: 6-8)

5. ¿Qué tres cosas debo hacer al iniciar este camino de transformación? (Salmo 27:4)

Para Recordar:

Enfoca tu vida en Dios. Haz tu petición a El, pues es el único que oye y responde a tus plegarias.

Capítulo 12

Lee el capítulo 12 de este libro.

"Si no podemos pasar tiempo con Dios, realmente no tenemos tiempo para vivir." Al igual que el jardinero pasa tiempo en el jardín, alimentando y cuidando sus preciosas plantas. Tu necesitas pasar tiempo con el Jardinero Celestial para que lo conozcas y crezcas para desarrollarte en esa flor de Dios que produce una fragancia exquisita."

1. ¿Podrías levantarte media hora más temprano para pasar tiempo con Dios?

2. ¿Te interesa cambiar los CD's en tu auto o en tu casa por aquellos con música que te eleve a Dios?

3. ¿Eres capaz de pedirle a Dios que te ayude a cambiar el tiempo que usas en telenovelas por tiempo con él?

La Biblia está llena de mensajes de esperanza. "Llena tu corazón con las palabras de Dios. Son el agua viva que apaga la sed. Son el pan vivo que descendió del cielo. Nuestros cuerpos viven de lo que comemos y bebemos; y lo que sucede en la vida natural sucede en la espiritual; lo que meditamos es lo que da tono y vigor a nuestra naturaleza espiritual."

1. Lee el Salmo 139. Busca tres mensajes del amor de Dios.

2. Lee el Salmo 103. Busca tres mensajes del amor de Dios.

Para Recordar:
"Para lograr el amor propio correcto, tienes que amarte en Dios."

Colabore con la
Revista Electrónica

¿Eres escritora? ¿Tienes una historia que contar? La Consejera.com está buscando artículos para la revista electrónica. Buscamos redacciones breves de ficción, historias verídicas, poesía y biografías de mujeres extraordinarias. Comparte tus historias inspiradoras con otras mujeres Hispanas.

Publica tu artículo en la revista electrónica de LaConsejera.com. Esta revista será enviada a cientos de personas que se registran con LaConsejera.com, una página excepcional de la red. Los artículos seleccionados tendrán la oportunidad de aparecer en una futura publicación de Publicaciones Magdalena.

Obras breves de ficción deberán tener menos de 5,000 palabras. Las historias y biografías deberán ser entre 500 á 700 palabras.

Envía tu escrito a: articulos@LaConsejera.com o envíalo en un diskette y envíalo por correo a:

Artículos
c/o Publicaciones Magdalena
3701 CR 317
Cleburne, Texas 76031

Solamente se aceptarán artículos enviados electrónicamente.

Incluya su Nombre, Dirección Postal o Domicilio, Dirección electrónica y número de teléfono. No se aceptarán artículos a menos que tenga toda esta información y podamos ponernos en contacto con Usted.

Para recibir la revista electrónica de LaConsejera.com regístrate en www.LaConsejera.com.

Publicaciones Magdalena

Si deseas más información referente a los servicios que Publicaciones Magdalena te ofrece para la publicación de tu libro, envía una carta, un resumen de tu libro de 2 páginas y tu biografía a:

Publicaciones Magdalena
3701 CR 317
Cleburne, Texas 76031

Nuestro conjunto de profesionales te guiará por el proceso de auto-publicación de tu libro y te ayudará a realizar tus sueños de ser autor. Por favor no envíes tu manuscrito, ya que no te será devuelto.

Grupos de Apoyo

¿Ya formaste un club "Flores de Dios" en tu comunidad? Queremos compartir tu éxito con otros. Cuéntanos de tus reuniones, envía fotografías y remite tus ideas originales. Relátanos acerca de tu grupo y tendrán la oportunidad de ganar una visita de la autora. Escríbanos a floresdedios@LaConsejera.com.

Ventas

Para más información en cuanto a ventas al por mayor para su ministerio de damas, club literario o club Flores de Dios, escríbanos a ventas@LaConsejera.com o llame al 817.556.0752. Estos son los descuentos ofrecidos:

Cantidad	Descuento
10-24	10 %
25-39	25 %
40 ó más	Llame para este precio

La Consejera Ina M. Pryce

La Consejera Ina M. Pryce ofrece los siguientes seminarios:

- Temas de interés femenino
- Depresión
- Matrimonio y familia
- Crianza de hijos
- Autoestima
- Duelo

La Consejera Ina M. Pryce también ofrece talleres y discursos en:

- Conferencias para damas
- Día de ministerio femenino
- Retiro de damas
- Organizaciones de la comunidad
- Y reuniones de Flores de Dios

Llame al 817.556.0752 ó escríbanos a reservacion@LaConsejera.com para recibir más información.

Manténgase sintonizado a Publicaciones Magdalena para no perder el nuevo libro de Ina M. Pryce que incluye un diario y manual de crianza de hijos.

Para más información sobre Ina M. Pryce visite www.LaConsejera.com.